ハンパねぇ！
高校野球

藤田憲右
Fujita Kensuke

小学館よしもと新書

高校野球芸人ができるまで～まえがきに代えて～

僕は、野球をしていたからお笑いをやっています。

僕は、野球をしていなかったからお笑いをやっています。

一体どっちやねん！

ツッコミ担当がツッコまれるのは芸人としてどうかと僕も思いますが、本当のことなのですから仕方ありません。

小学生のとき、僕はいじめられっ子でした。いまでこそガタイもよくてそこそこイカツイ顔をしていますが、小さいときは肥満児で、それゆえに内向的な性格だったのです。

そんな僕を救ってくれたのが野球でした。

当時はまだサッカーもそれほど盛んではありません。スポーツといえば野球という時代でした。

当然、ガキ大将とその取り巻きたちももれなく野球をやっています。彼らにならって小学校の部活と地域の野球クラブに入り、2つの野球帽を手に入れた僕は、それだけで強くなれたような気がしたのです。

トータルテンボスの相方・大村朋宏《ともひろ》と出会ったのも野球クラブでした。

大村とはクラスは違ったのですが、野球があったからこそ出会えました。ちなみに、大村が野球を始めたのは「静岡だからといってみんなサッカーやってるけど、俺は同じことをしたくない」というひねくれた考えからでした。

その後、中学高校と野球を続けた僕は、大学でも野球を続けようと思っていました。

高校最後の夏は、静岡県予選で1回戦と2回戦をエースとして1安打完封。3回戦の相手は優勝候補の静岡商で、調子に乗って口走ってしまった結果、新聞に「ノーヒットノーランを狙う」と書かれ、6回まで1点差で粘るも結局は7回コールド負け。

それでも悔しさではなく満足感があったのは、まだこれで野球が終わるわけではないと思っていたからです。

しかし、浪人してしまいます。セレクション（大学野球部の選考）を3つ受けたのですが、受かった唯一の大学は東北地方にあり、でも東北には行きたくないという理由で断ってしまったのです。だったら最初から受けなければいいんですけどね。

そして1年後、念願かなって東京にも近い千葉の大学に合格します。

しかし、結局ここでも野球を続けることはありませんでした。

引っ掛かったのは年齢のことでした。

浪人すると、もともとの同級生は先輩に、ひとつ下の後輩は同学年になります。

いまとなっては何をそんなことぐらいと思えるのですが、当時の僕は異常なまでにそれを気にしてしまい、野球をやるために大学に入ったのに結局その野球から遠ざかってしまったのです。

こうなるともう抜け殻もいいところです。親元からも離れていますし、部屋で一人自堕落な生活を送っていました。

大村から「一緒にお笑いやらんないか？」という電話をもらったのはそんなときでした。

「お笑い？」「なんで？」とは思いませんでした。むしろ腑《ふ》に落ちるような感じさえありました。

やってみるか。

小さな頃いじめられっ子だった僕は、野球をすることで性格が明るくなりました。調子のりになり、くだらない冗談をいってはチームのみんなを笑わせていたのです。

一番は野球です。でもその次に、人を笑わせることが好きだったのです。

こうして僕と大村は大きな夢を抱いてＮＳＣ（吉本総合芸能学院）に入学しました。

しかし、ここでもまた年齢の壁が立ちはだかりました。僕と大村は、入学した時点で20歳。中学・高校を卒業してすぐに入ってきている同期はみんな年下ですし、年下の先輩もいました。

当然、気にはなりました。でも、同じことを繰り返したくないという思いがありました。自分は年齢を気にして野球をやめてしまった。同じ理由で、お笑いまで諦めたくなかったのです。

そして、いまの僕があります。

それでも、やめてからしばらくは、まともに高校野球を観《み》ることができませんでした。

嫌いになったわけではありません。高校球児たちの姿と、どうしようもなく中途半端な自分を比べたとき、あまりにも差が大き過ぎて恥ずかしくてならなかったのです。ようやく高校野球を観られるようになったのは、芸人としての結果が出るようになってからです。

野球はやめちゃったけど次に見つけた目標のお笑いで一生懸命がんばっていると、高校球児たちに胸を張っていえるようになってからです。

そしていま、僕の中には別の思いもあります。

芸人として自分にしかできないやり方で、高校野球を応援していきたい。そんなふうに思っているのです。

甲子園にも出られず中途半端に野球をやめてしまった奴《やつ》が何を、と思う人もいるかもしれません。

でも、やっぱり僕は野球に恩返しがしたいのです。

相方と出会えたのも、お笑いをやってみようと思ったのも、なかなか結果が出なくて腐りそうになりながらもなんとかお笑いを続けてこられたのも、やっぱり野球があったからなのです。

僕がこの本で伝えていきたいのは、人生に高校野球があることのすばらしさです。

プロ、あるいは社会人野球に進めるのはほんの一握りでしかありません。

それでもなぜ彼らは野球をするのか。なぜこれほどまでに多くの大人が高校野球に取り憑《つ》かれてしまうのか。

答えを知りたいって？

じゃあ、とっておきの高校野球エピソード・藤田セレクションをお話ししますね。

えっ、なに？

忍びねえって？

かまわんよ。

２０１６年６月　藤田憲右

ハンパねぇ！高校野球

目次

高校野球芸人ができるまで～まえがきに代えて～……3

第一章◉高校野球は「監督」で見よ！……15
沖縄の高校はなぜ急激に強くなったか
興南と沖縄尚学のライバル関係
「一校相伝」の宜野座カーブ
中京大中京の強さの秘密
「鬼」から「仏」へと変貌した監督
「必笑」が生んだ奇跡の大逆転
名将の中の名将
木内マジックの真髄
養護施設から目指した甲子園
原貢監督の東海大相模
監督同士の意地のぶつかり合いが強くした？

島根の破天荒監督

第二章 ハンパねぇ奇跡のドラマたち……57
「新湊旋風」が熱かった！
世にも珍しいサヨナラボーク物語
甲子園に愛され続ける星稜高校
延長18回、高校野球史上最高の試合
創部1年4ヵ月で甲子園に出場！
2つの高校で初出場初優勝を成し遂げた名将

第三章 東北勢準優勝11回、優勝0回の謎……79
なぜか、あと一歩が届かない
ブラジルからの野球留学生!?
野球留学を許さない秋田県
野球留学の走りは青森県
122対0という試合があった

第四章 明日から使える高校野球うんちく……………………103
県内出身にこだわる花巻東
岩手が生んだ大谷という逸材
東北と仙台育英、育てたのは同じ名将
「小さな大投手」は監督としてもすごかった
滋賀の偉大過ぎる親子三代
開会式でプラカードをもっているのは誰?
南こうせつ作曲の校歌がある
73回も甲子園に出場している高校
高校野球界を席巻する東海大付属と日大付属
意外に弱い六大学の付属
二松学舎の呪い
強い球児はどこからやってくるのか?
湘南ボーイズが「相模ボーイズ」と呼ばれる理由
エリートではなかった松坂大輔
サニブラウンに勝った中学生

離島や半島から目指す甲子園

第五章 ● 公立vs私立　仁義なき戦い……135
全国で唯一私立高校が出場していない徳島県
「さわやかイレブン」「やまびこ打線」はなぜ生まれたか
清原のバットをへこませた男
地元に愛される私立高校
岐阜商OBがすごい
飛騨高山のスーパー中学生
最近の東京は西高東低
都立が台頭してきた東京

第六章 ● 高校野球と県民性……159
県内出身監督が多い広島
夏の甲子園で意外と優勝していない九州
決勝での満塁ホームランといえば佐賀県勢

奇跡のバックホーム
長崎は名監督の産地
優秀な選手が多過ぎる福岡
父子で引き継がれる箕島のＤＮＡ
智弁和歌山のトンデモ調整法
どの地域も強い千葉県
明石市から悲願の甲子園
甲子園に魔物はいるか

＊記録は、２０１６年選抜高等学校野球大会終了時点のものです。

第一章

高校野球は「監督」で見よ！

沖縄の高校はなぜ急激に強くなったか

一般の人にとっては「暑い夏」も、高校球児にとっては待ちに待った「熱い夏」。全国に先駆けて夏の甲子園の地区予選が始まるのが、沖縄です。沖縄といえば、真っ先に思い浮かぶのは栽弘義《さいひろよし》監督ですね。「沖縄高校野球の父」と呼ばれた人です。

栽監督は沖縄水産を率いて1990年、91年と2年連続、夏の甲子園で準優勝しました。近年の沖縄県勢では、興南《こうなん》や沖縄尚学《しょうがく》の活躍が目立ちますが、その礎をつくったのは栽監督であり、沖縄水産です。

でも栽監督は、実は沖縄水産の前にも別の高校を率いて甲子園に出場しています。豊見城《とみしろ》で春に4回、夏に3回の計7回も甲子園に出ていて、夏の甲子園では76年から3年連続でベスト8に入っています。このとき、77年と78年のチームでキャッチャーをしていたのが、後に阪急ブレーブスやオリックスで活躍する石嶺《いしみね》和彦選手です。

ちなみに豊見城は75年の春の甲子園でもベスト8に進み、準々決勝で東海大相模《さがみ》に敗れるのですが、そこにはあの原辰徳《たつのり》前巨人軍監督がいました。

その後、栽監督は80年に沖縄水産に転任します。同校が夏の甲子園に初出場したのは、それから4年後の84年。ここから5年連続で甲子園出場を果たして黄金時代を迎えた沖縄水産は、88年についにベスト4に進出します。

こうして90年と91年の2年連続準優勝へとつながっていくわけですが、91年のチームでエースを務めていたのが大野倫《りん》投手です。2年生の90年は外野手での出場でしたが、2年の秋に投手に転向しました。

大野投手では、最後のマウンドになった91年の決勝戦がやっぱり忘れられません。1回戦から全イニングを一人で投げ続けた大野投手の肘は、すでに限界に達していました。ついには曲がったまま腕を伸ばせなくなり、試合後の閉会式でもそのままの状態が続いていました。

実はこのとき大野投手の肘はすでに疲労骨折をしていて、痛み止めの注射を打ちながら投げ続けていたようです。高校球児の球数制限、投球回数についての議論がされるようになったおそらく最初のきっかけが、この大野投手の連投でした。

想像するまでもなく、大野投手には相当なプレッシャーがあったと思います。なんといってもその前年に沖縄県勢として初めての決勝進出をしているんですから。しかもエースで4番ならなおさらです。期待されないわけがありません。

だから、大野投手が肘が痛くてもそれを言い出せなかった気持ちもわかります。ようやく栽監督に肘の痛みを伝えたのは県大会準決勝の前だったそうです。

大野投手自身は、このことで監督から怒られると思っていたようです。でも、実際はその逆でした。

その日以来、栽監督は毎日練習後に大野投手の肘をマッサージするようになったそうです。それだけでなく甲子園大会中もいい整体師がいると聞いては佐賀まで連れて行き、翌朝大阪に戻ってくるといったこともしていました。ただ強いだけではない、栽監督の選手への愛情が伝わってくるエピソードですね。

大野投手はその後、大学でも野球を続けています。ピッチャーを続けることはできませんでしたが、外野手として活躍し、96年に巨人に入団、福岡ダイエーホークス（現・福岡ソフトバンクホークス）を経て2002年に引退しました。

興南と沖縄尚学のライバル関係

この沖縄水産の後を受け継いだのが興南と沖縄尚学です。興南は83年の夏以降、甲子園から遠ざかっていた古豪。沖縄尚学は新興の学校でしたが、この2校が同じ時期に頭角を現してきたのです。

そして、この興南と沖縄尚学は、非常に対照的な学校でもあるんです。興南の野球部は、伝統的に来るもの拒まずで誰でも入部できるのに対し、沖縄尚学は野球特待生を中心とした少数精鋭の野球部です。

先日、仕事で沖縄に行ったときに興南野球部の練習を見に行ったのですが、広いグラウンドには120人くらいの部員がいました。

このときは1月で、時期的に1、2年生しかいないときですから、ここに新入生が入ってくれば200人近い大所帯になるのでしょう。僕が高校野球をしていた高校もそれほど部員が多くなかったのでその光景は圧巻でした。

ただ、やり方は正反対ながら、興南と沖縄尚学はお互いを相当に意識しています。

むしろやり方が違うからこそ「あそこだけには負けられない」という思いが強いのでしょう。その思いの強さは、あまりにお互いをライバル視し過ぎるため、他の県立高校に足元をすくわれることが少なくないというほどなのですから相当なものです。

そしてさらにここに、両校の甲子園での成績が絡んできます。

興南も沖縄尚学もそれぞれ2度甲子園を制しているのですが、これがまたなんともいえない微妙なバランスなのです。

沖縄尚学は99年春の選抜高等学校野球大会（以下、選抜と表記）で初優勝を果たしています。この優勝は、春夏通じて沖縄県勢として初めて優勝旗を沖縄に持ち帰ったということで非常に大きな意味があります。

そして沖縄尚学は08年にも再び選抜を制し、ライバル興南を一歩も二歩もリードするわけですが、その2年後、今度は興南がその力関係を一気にひっくり返すほどの偉業を成し遂げました。春夏連覇を果たしたのです。

いやいや、考えただけでもゾクゾクしますね。興南と沖縄尚学のライバル関係はこれからも目が離せません。

この両校の甲子園優勝は、監督に注目するとさらに面白くなります。沖縄尚学が08年に2度目の選抜制覇をしたときの比嘉公也《ひがこうや》監督は、99年に初優勝したときのエースピッチャーだったのです。

対して興南の我喜屋優《がきやまさる》監督は、68年の夏に、日本復帰前の沖縄代表として興南が沖縄県勢初のベスト4に進んだときのキャプテンで4番バッターでした。

我喜屋監督はその後、社会人野球に進んで北海道の大昭和製紙北海道でもプレーしています。74年には北海道勢として初めて都市対抗野球で優勝していますが、冬は雪深い北海道に移った当初は、1年を通して野球ができる沖縄がどれほど恵まれた環境であったかを痛感したそうです。

そんなある日、我喜屋監督は、とある人物から相談を受けます。駒大苫小牧《とまこまい》の香田《こうだ》誉士史《よしふみ》監督でした。冬の間の練習方法がわからないから教えてほしいという香田監督に対し、我喜屋監督は「雪があるならどけて外でやればいい」と答えます。以来、駒大苫小牧は雪を踏み固めて雪上ノックをするようになったそうです。

その後の駒大苫小牧の躍進はご存じのとおりです。04年夏に北海道勢として初めて優勝旗を持ち帰ると、翌年夏も優勝して連覇を果たします。このときのチームにはそう、皆さんご存じ、現在ニューヨーク・ヤンキースでプレーするマー君こと田中将大《まさひろ》投手がいました。

そしてこの我喜屋監督は07年に、ついに母校・興南の監督に就任します。

いまでこそ全国的に注目される興南ですが、当時は選手たちがあいさつもできず練習にも身が入らない状態からの再出発だったようです。

そこで我喜屋監督はまずはあいさつからと、「魂知和（こんちわ）」という言葉をつくり、選手に徹底させるところから始めました。そんな状態から始まった興南野球部の再スタートだったにもかかわらず、わずか3年後には春夏連覇をしてしまうのですから見事という他ありません。

「一校相伝」の宜野座カーブ

沖縄といえば、他にも面白い話がたくさんあります。

まず、他の地域と決定的に違うのは、終戦後から72年までアメリカの統治下であったということです。

沖縄県勢として初めて甲子園の土を踏んだのは、58年の夏の大会に出場した首里《しゅり》高校でした。結果は1回戦で福井代表の敦賀《つるが》に0対3で負けてしまいましたが、このとき選手たちは沖縄に甲子園の土を持って帰れませんでした。

理由は検疫があったからです。選手たちは泣く泣く船上から土を捨てなければならなかったそうですが、このことが報道されると全国から同情の声がたくさん届いたそうです。なかでも有名なのは日本航空の客室乗務員が甲子園の小石を集めて送ったこと。同校には甲子園初出場を記念してつくられたモニュメント「友愛の碑」がありますが、そこにはこれらの小石が野球場の形にはめ込まれています。

離島が多いというのも沖縄の特徴です。

沖縄県大会の開会式当日の試合には必ず離島勢が登場します。理由はやはり費用の問題。開会式と試合日が別の日になってしまうとそれだけ渡航費や滞在費がかかってしまうというわけです。

沖縄の離島勢といえば、06年の選抜で甲子園初勝利を挙げ、夏はベスト16に進んだ八重山《やえやま》商工が忘れられません。このときのチームには、現在千葉ロッテマリーンズで活躍する大嶺祐太《おおみねゆうた》投手がいました。

両親がおらず祖母に育てられた大嶺投手にとって、八重山商工の伊志嶺吉盛《いしみねよしもり》監督は父親のような存在です。そして伊志嶺監督の中には、大嶺投手のプロ入りに際して在京球団ではなく地方にある球団に入れたいという思いがあったようです。

確かに、東京と八重山では時間の流れも何もかもがまったく違います。地方の球団へ行かせたいというのは、大嶺投手が精一杯野球に打ち込めるようにとの親心だったのでしょう。しかしこのときは当時ロッテのボビー・バレンタイン監督が熱烈なラブコールを送ってきたため、大嶺投手は結局、首都圏に本拠地を持つ千葉ロッテマリーンズに入団することになりました。

ロッテは08年より春季キャンプを石垣島で行っていますが、そのきっかけとなったのが大嶺投手の入団です。おそらくは入団のお礼という意味合いもあるのでしょうが、プロになった大嶺投手はこうした形で地元に恩返しをしているんですね。

ちなみに、伊志嶺監督は大嶺投手の学年の野球チームを小学校から高校までずっと指導しています。

大嶺投手たちが小学校を卒業して中学に入学するとそのチームを世界大会に導き、大嶺投手たちが高校に進学すると今度は八重山商工の監督に就任しています。

なぜ、こんなことができるのか？　それは伊志嶺監督が教員ではなく市の派遣職員だから。小中学と伊志嶺監督の指導を受けた大嶺投手たちが、高校生になっても指導を受けられるようにとの配慮だったわけですね。

最後に沖縄のある高校に伝わる「魔球」を紹介しましょう。

これは一子相伝ならぬ「一校相伝」、歴代のピッチャーたちに受け継がれてきたというものです。聞いただけで心がワクワクしてきますよね。

高校の名は宜野座《ぎのざ》。そして、魔球の名は「宜野座カーブ」。

ユーチューブなどにも動画がアップされていますので興味のある方はご覧いただければと思いますが、従来のカーブとは違ってエグい落ち方をします。ただ、肘に相当な負担がかかりそうなので、もし自分が宜野座のエースだったとしたら……、ちょっとビビってしまうかもしれません。

中京大中京の強さの秘密

さて、次は愛知にいきましょう。

僕は地元が静岡なので、やっぱり東海地区に思い入れが強いんです。高校野球に関していえば、愛知は隣の静岡にとって仰ぎ見るような存在。それだけに語るに相応しいエピソードがたくさんあるのです。

いまは崩れてきつつありますが、愛知は長らく「私学4強」が続いてきました。中京大中京、東邦《とうほう》、愛工大名電《めいでん》、享栄《きょうえい》。

なんとなくでも高校野球を観てきた人なら誰もが知っている学校が並んでいます。

そして、そんな強豪ひしめく愛知の中で、その盟主ともいえる存在なのが中京大中京です。優勝回数は春4回、夏7回の計11回で、これは133勝を数える甲子園勝利数とともに全国最多の記録です。

さらに特筆すべきは、戦前から現在にいたるまで低迷した時代がほぼないということです。80年代はやや力が落ちた感じがしますが、それでも十分に強かった強豪の中の強豪です。

中京大中京は野球部だけでなく、サッカー部やハンドボール部、スケート部、陸上部などにも力を入れている総合スポーツ校です。それぞれの部活動でそうそうたる歴史を持っていますが、これは系列の中京大学の影響が大きいのでしょう。中京大学にはスポーツ科学部があり、指導者陣にも歴代のオリンピアンがたくさん名を連ねています。中京大中京のこれまでの栄光については、語ろうとすればそれこそそれだけで一冊になってしまいます。ですので、ここでは県予選が始まる前に行われる、ある試合をご紹介したいと思います。

全国屈指の強豪である中京大中京には、東海地区から優秀な選手が毎年たくさん入ってきます。

とはいえ、ベンチ入りできるのはそのうちのわずか一握り。たとえ甲子園に出られたとしてもほとんどの選手がプレーすることなく高校野球を終えることになります。

そんな彼らが主役になれるのが、同じ愛知県内にある大府《おおぶ》との引退試合です。ちなみに、大府は巨人で活躍した槙原寛己《まきはらひろみ》投手や阪神タイガースでプレーした赤星憲広《あかほしのりひろ》選手の母校です。

この試合では、普段のレギュラーとそうでない選手の立場が完全に入れ替わります。ベンチ入りできなかった選手が背番号を与えられ、レギュラー選手が手伝いとして裏方に徹するのです。つまり、ベンチ入りできなかった選手にとっては高校野球最後の晴れ舞台となるわけです。

とはいえ、彼らの胸の内を考えれば相当な葛藤があるのは間違いありません。

昨年の秋まではレギュラーだった、今年の春までは主軸を打っていたという選手も中にはいるでしょう。にもかかわらず、この時期に調子が上がらなかったという理由でメンバーに選ばれなかった……。そんな中で「がんばれ」といわれたところで「がんばってもメンバーに選ばれなかったんだよ」と思ってしまうことだってあるはずです。

先にも述べた通り、この試合はベンチ入りできなかった3年生にとっては引退試合です。ここでどれだけ打ったところで、メンバー入りできるということはありません。

それでも皮肉なことに、これまでスランプだった選手が何かから解き放たれたように5打数4安打とかしてしまったりするのです。そうした選手が、この後にチームが甲子園出場切符を獲得した際に、改めてのメンバー登録でベンチ入りするということがないわけではないようですが、それは例外中の例外。基本的には期待できません。しかしこの試合に出た人がその後大学で活躍するといったことはままあるようです。これこそは中京大中京が強豪中の強豪である証明といえるでしょう。

「鬼」から「仏」へと変貌した監督

同じ愛知県内で、春だけとはいえ優勝回数で中京大中京に肩を並べているのが東邦です。

34年の初出場初優勝を皮切りに、これまで39年、41年、89年の4度頂点に立っています。夏も77年に準優勝、92年にベスト4に入っています。

「春の東邦」とはファンの間でも有名な言葉です。16年春に、05年以来11年ぶりに出場していますが、甲子園には毎回必ずいいピッチャーを擁して登場してくるというイメージがあります。

春と夏。同じ甲子園大会ですが、中身はだいぶ違います。

春の甲子園は新チームに移行して半年ほど、さらに2年生が3年生になる前ということもあり、時期的にまだバッターが振れていません。だから傾向としてはいいピッチャーを擁するチームが勝つことが多いのです。いわゆる「投高打低」ですね。

しかし、これが夏の予選の頃になると逆転してきます。

バッターたちは最後の夏に向けてそれこそ猛烈にバットを振り込んできます。僕も元ピッチャーだったのでよくわかりますが、春から3ヵ月ほどしか経《た》っていないのに、この頃になると同じチームでもバットの空気を切る音が違ってきます。

ということで、春にはいいピッチャー、つまり計算できるピッチャーがいるチームが勝つことが多く、逆にバッターが振れてくる夏はあっと驚くような大逆転劇がそれこそ日替わりのように起きたりもするのです。

話を本筋に戻しましょう。

毎回「これは！」と目が離せないピッチャーを擁して甲子園にやってくる東邦ですが、東邦といえば同校のOBとして67年から04年まで同校を率いた阪口慶三監督について語らずにはいられません。阪口監督はかつて、その厳しさで全国に名を知られていた監督でした。ついたあだ名は「鬼のサカグチ」「阪口鬼三」。

僕も90年代前半に高校球児をやっていたので、当時の高校野球の練習の厳しさがどういったものかはわかります。監督と気軽に言葉を交わせないどころか、グラウンドでは笑顔すら見せられない。ちょっとでも歯を見せようものなら容赦なく平手が飛んできた時代です。

そんな時代にあってなお、全国的に「鬼」として有名だったのですから、阪口監督の厳しさがどれほどのものであったかは想像に難くありません。

そして、それは88年の選抜で決勝に進んだときも同じでした。

4度目の栄冠をかけたこの試合で東邦は初出場の宇和島東（愛媛）に0対6で敗れます。このときも阪口監督は選手たちを労《ねぎら》うどころか、例のごとくどやしつけました。

ところが、後日試合のビデオを見返した阪口監督はハッとします。宇和島東の上甲《じょうこう》正典《まさのり》監督が終始笑顔でいるのに対し、自分は鬼のような形相をしており、それがどれほど選手を委縮させていたのかに気づいたのです。

阪口監督は当時44歳。選手とは親と子ほどにも年が離れています。それに世の常で時代とともに選手の質も変わっています。心を改めた阪口監督は、それから怖い顔の代わりに笑顔で選手に接するようになったそうです。

結果はすぐに出ました。なんと東邦は翌年の選抜で見事優勝してしまったのです。

いやいや、高校野球とは本当に面白いものですね。監督が笑顔になっただけでこんなにもすぐに変わってしまうのですから。

それからです。阪口監督には新たに「仏のサカグチ」というあだ名がつけられました。

その後、04年で東邦の監督を退いた阪口監督は05年に大垣《おおがき》日大（岐阜）の監督に就任しています。ここでも07年には選抜で準優勝し、その年の夏にはベスト8に入りました。その後、10年にも選抜でベスト4になったのですが、僕はこのときの監督インタビューを見ていて仰天しました。

なんと阪口監督が選手たちに「監督、ピース、ピース」と冷やかされるように言われながら、それでも本当にピースしていたのです。

これには高野連からも「監督がそういうことをするのはいかがなものか」というよ

うなお達しがあったようですが、僕だけでなく鬼だった当時を知る人やOBにとっては、それこそ天地がひっくり返るような思いだったのではないでしょうか。

鬼から仏へ。人は変われば変わるものです。

「必笑」が生んだ奇跡の大逆転

そして、これを見倣《みなら》ったのが石川の星稜《せいりょう》でした。

14年、夏の石川県予選決勝で星稜は世紀の大逆転劇を演じます。

相手は小松大谷《こまつおおたに》。9回表終了時点で0対8と大量リードを許していた星稜は、なんとなんと9回裏に打者13人8安打の猛攻で、9点を奪って試合をひっくり返しました。予選にはコールドがあります。このときも7点差がついていた7回で試合が終了するはずだったのですが、決勝戦のみコールドがありませんでした。これも勝負のアヤというものです。

このときの星稜のチームスローガンが「必勝」ならぬ「必笑」だったのです。

どんなに悔しくても苦しくても笑顔だけは忘れない——。9回裏最後の攻撃を前に、監督からそう言い伝えられた選手たちは、噴き出してくる思いを抑え込んで無理やり笑顔をつくったそうです。これには小松大谷の選手も驚いたと思います。
3、4点返して追い上げムードに乗っている途中のことなら、まだわかります。でも星稜の選手たちは違いました。敗色濃厚、ランナーが一人も出ていないのにもかかわらずトップバッターが笑っているのです。
もし僕がピッチャーだったとしても、これは相当に不気味に感じたと思います。何をどう考えても自分たちの勝利は決定的。なのに相手は不敵に笑っている。

野球は、オセロのように一手ですべてが変わってしまうゲームではありませんが、それでも自分たちの知らない何かがあるのではないか。そんなふうに勘繰らざるにはいられなくなり、目の前のバッター、目の前の一球に集中できなくなっても仕方ありません。そして、奇跡は起きました。いや、小松大谷としては、思いも寄らぬ悪夢が現実になってしまったといったほうがいいでしょう。

いずれにしてもキーワードは「笑顔」でした。

先にも述べた通り、選手の質は時代とともに変わります。一定の厳しさは必要でしょうが、いまの選手には厳しさ一辺倒では通用しません。笑顔時々厳しさくらいがちょうどいいのでしょう。

もちろん、笑顔の意味も僕たちの時代とは違ってきているということもあります。「笑顔＝なあなあ」ではないのです。それは真剣味がない、ふざけているということからくるものではなく、野球を心から楽しんでいるというところからくるものなんだと思います。

名将の中の名将

高校野球の長い歴史の中には数々の名将と呼ばれる監督がいましたが、この人を抜きにしては語れないという方がいます。

茨城で取手二と常総《じょうそう》学院を率いた木内幸男《ゆきお》監督です。

ちなみに茨城県の高校野球は、戦前は竜ヶ崎《りゅうがさき》中（現・竜ヶ崎一）と水戸商、戦後は70年くらいまでは水戸商、水戸一、取手一といったあたりがリードしてきました。中でも水戸商は茨城のトップに長年君臨し続けた古豪で、99年の選抜では準優勝しています。

この牙城に風穴を開けたのが、のちにその名を全国に知られることになる木内監督です。木内監督は元高校球児ですが、在籍していた土浦一では甲子園に手が届きませんでした。そしてこの悔しさは高校野球でしか晴らせないと卒業後も母校でコーチを務め、57年に取手二の監督に就任します。

元は女子高だった取手二が共学になったのは49年です。木内監督が就任したときもまだその雰囲気は色濃く残っていたそうですが、その中でほとんど一から野球部を鍛えていきます。

それが花開いたのは約20年後のことでした。77年に県予選を突破して夏の甲子園に初出場すると、それから取手二は春夏合わせて計6回の出場を果たします。

中でも84年夏の甲子園での決勝はいまも語り継がれる名勝負となっています。

相手は、ＫＫコンビを擁するＰＬ学園（大阪）です。

桑田真澄《ますみ》・清原和博の両選手が2年生だったとはいえ、ＰＬ学園は前年の覇者で連覇がかかっています。

しかし、先手を取ったのは取手二でした。そして9回裏に追いつかれるものの延長10回表に4点を奪って初優勝を成し遂げました。

木内監督の野球は当時の高校野球界においては、ある種の革命でした。

木内監督の野球をひと言でいえば「のびのび野球」です。選手の自主性を育み、それを信じた上での野球は、高校野球界に新風を吹き込みました。

そしてその違いに気づいたのが、決勝で負けたＰＬ学園の桑田投手です。

負けた桑田投手はＰＬ学園と取手二が同じ野球をしているのにどうしてここまで違うのかを知りたいと思ったそうです。

自分たちは甲子園で優勝するために毎日、それこそ血反吐《ちへど》を吐くような苦しい練習に耐えている。でも取手二の選手からはそんな雰囲気が伝わってこない。むしろ笑顔さえ見せて野球を楽しんでいるように見える。なぜ、より苦しい思いをしているはずの自分たちが勝てないのか……。

しかし、答えはわかりません。いてもたってもいられなくなった桑田投手はある日、自分の目でそれを確かめるべく茨城の取手二に向かいます。

桑田投手といえば思慮深いイメージが強いのでこの行動力には驚かされるばかりですが、なんとしてでもその違いの意味を知りたいと思ったのでしょう。

そして、取手二で見た光景に桑田投手は衝撃を受けたそうです。そこにあったのは、全国のどこにでも見られるごくごく普通の高校生活。もちろん、取手二は県立なので当たり前といえばそうなのですが、それが逆に桑田投手には新鮮に映ったようです。

このときのことを振り返って、桑田さんは「それまでは頂点に行く方法は一つしかないと思っていた。それが取手二を見たことで頂点に行く方法はたくさんあることがわかった」と語っています。

現在、桑田さんは野球解説者などをされています。その言葉の中に「楽しむ」といった意味合いのものが多いのは、もしかしたらこのときの思いがあるのかもしれません。それにしても「さすが桑田さん！」とうならせられるエピソードです。

翌年の夏、ＰＬ学園は決勝の舞台に舞い戻り再び頂点に立ちますが、結果的にＫＫコンビが在籍した3年間での夏の甲子園3連覇を阻み、夏の大会で唯一土をつけたのが木内監督率いる取手二だったのです。

木内マジックの真髄

そして木内監督が取手二から移籍し、常総学院の監督になったのは85年のことでした。常総学院が開校したのはそのわずか2年前の83年です。

再び一からの出発となったわけですが、そこは甲子園優勝監督。優秀な選手が入部してきて、87年に春夏連続出場を果たすと、夏の大会では好投手を次々と打ち砕き準優勝に導きました。その後、常総学院は瞬く間に全国区の強豪へとのしあがっていきます。

87年から3年連続で夏の甲子園に出場すると、93年は夏のベスト4、翌94年の選抜準優勝を経て、ついには01年の選抜で優勝、03年の夏も優勝と2度頂点を極めます。

取手二時代に「のびのび野球」で新風を吹き込んだ木内監督でしたが、常総学院では稀代《きだい》の戦略家として、相手の予想を超える独特の采配が「木内マジック」として恐れられました。

取手二でも常総学院でもそうですが、一人のスター選手に頼ったチームづくりをしないというのが木内監督のやり方です。

一人のスター選手に頼ったチームづくりをしてしまえば、そのスターが不調に陥ればもうどうすることもできません。そこで木内監督は、全体を底上げすることで安定した力を発揮できるチームをつくっていったのです。

とはいえ、その要求は決して低くありません。

野手にしてもバッテリーを除けば、一人で3ポジションくらいは守れるようにならないといけないのですから選手は大変です。

また、常総学院は甲子園をかけた県予選のベンチ入りメンバー20人のうちの、最後の一人を部員投票で決めるということもしています。これは、11年より後を継いだ佐々木力監督の発案ですが、この仕組みにも木内イズムを感じるのは僕だけでしょうか。佐々木監督は選手、コーチ時代共に木内監督に師事しているのです。

いずれにしても、レギュラーでない選手のモチベーションを高く保つためにはかなり有効な方法といえるでしょう。

まだまだありますよ。これは木内監督の教え子の、そのまた教え子の方に聞いたのですが、木内監督は長年にわたり同じサインをずっと使い続けていたそうなのです。長く監督をしていれば教え子が相手校の監督になって対戦するということも出てきますよね？　でも常総学院のサインは当時のままなので、当然、元教え子の相手監督には木内監督が次に何をしてくるかがサインでわかってしまいます。

たとえばスクイズを仕掛けられそうな場面で、そのサインが出ればこちらは容易にスクイズを外すことができてしまうというわけです。

「これはさすがに……」と思った元教え子がそのことを木内監督に聞くと、返ってきたのはなんと「サインなんかわかってもいい、別に声に出していったっていいんだよ」という答えでした。

サインとは本来、対戦相手に指示を知られないための暗号のようなものです。内容を事前に知られてしまえば元も子もないのに、それどころか木内監督は声に出したっていいという。これは一体どういうことなのか……。

しかしそこには、木内監督らしい野球哲学が詰まっていました。

たとえば先ほどのスクイズの場面。事前にわかっていれば相手はボールを大きく外してきますが、それでもスクイズを決めてこそというのが木内監督の考えなのです。木内監督はサインを使って相手を出し抜こうとはしていません。

むしろ相手がわかっていてもなおスクイズを決められるよう、そのために毎日の練習があると考えているのです。だから相手がスクイズを読んでボールを外してきたところで喰《く》いついていけるのです。

逆にもしこれが「サインの内容は相手にはわからないはず」という前提に立ってしまえば、ボールを外されたときに対応できなくなってしまいます。

これが木内監督の野球なのです。いってみれば、選手はサインなど当てにしていません。そこもまた、選手が考える野球、選手の自主性に任せる野球なのでしょうね。だからサインは変える必要がないのです。

そこには、事前にスクイズを見破られていたとしてもピッチャーが外せる範囲は限られており、そこになら打者も跳びついていける。もしその範囲を超えてしまえば今度はキャッチャーがボールを捕れなくなるというきちんとした理屈があるのです。

さて、そんな木内監督ですが、年齢や健康上の理由から03年を最後に引退を決断します。そして迎えた夏の大会。名監督の最後ということで注目が集まる中、木内監督はこの年のチームのことを事あるごとに「弱い」と言い続けました。

実際はかなりの手応えを感じていたのだと思いますが、自分の指導者としての手腕を誇るようなことは一切いいませんでした。甲子園出場すら難しいかもしれないというようなこともいっていたのです。

すべては選手たちに、のびのびと野球をしてもらうためでした。選手たちには自分の引退のことで変なプレッシャーを感じてほしくなかったのです。

しかし、選手たちは木内監督の胸の内を知りません。言葉を真に受け、逆に「何くそ！」となったわけです。

その結果が、03年夏の甲子園優勝でした。

これもまたひとつの木内マジックといっていいでしょう。その後、木内監督は何度か常総学院に戻っていますが、いまは完全に引退されています。

養護施設から目指した甲子園

甲子園にははるかおよばない学校にも、ハンパなくすばらしい話が高校野球には眠っていることがあります。せっかくなのでもう少し茨城の話を続けましょう。

茨城といえば、水城《すいじょう》の山野隆夫校長も忘れることができません。

全国的にそれほど知られているわけではありませんが、山野校長も間違いなくこれまでの高校野球界を支えてきたお一人です。

山野校長は45年生まれです。幼い頃から野球が大好きで高校は当時名門だった水戸一に進みます。しかし、あと一歩のところで甲子園出場を逃し、卒業後は教員の道へ。69年、鉾田《ほこた》一で教員生活をスタートさせます。

しかし任されたのは野球部ではなく別の部でした。反骨心もあってその部をインターハイ出場にも導きますが、野球への思いは募っていくばかりです。

ようやく野球部の監督になれたのは73年に異動した水戸南ででした。

とはいえ、水戸南は通信制と定時制の学校でした。定時制の学校としては珍しく硬式野球部はあったのですが、そのレベルはまさに素人レベルであり、赴任2年目に先任の異動により懇願されて仕方なく監督を引き受けたのです。

部員はたったの10人ほどしかいません。道具も使い古したものばかりで、体も細く、キャッチボールすら満足にできません。

しかも定時制なので練習は授業が終わった後の夜2時間ほど。それでも翌朝は5時に起きて仕事にいかなければならないのに、生徒たちは毎晩へとへとになるまで楽しそうに練習に励んでいたそうです。

なぜ、選手たちはそこまで野球にこだわるのか。

不思議に思った山野校長があるとき部員のひとりに聞いてみると、思いも寄らぬ答えが返ってきました。実は近くには養護施設があり、水戸南にはそこの子どもも多く通ってきていたのです。

県予選にエントリーすれば新聞の選手紹介欄に自分の名前が載ります。まだ顔も名前も知らない自分の親が、それを見て自分に会いに来てくれるかもしれないと、そういったのです。

この言葉に山野校長は大きく心を揺さぶられます。

と同時に中途半端な気持ちで野球部の監督をしていた自分を恥じたそうです。

そして少しでも彼らの力になりたいと知り合いを頼って道具を揃《そろ》え、朝練もして力を蓄えていきました。

また、その過程では思わぬ助っ人も現れました。まだ練習とも呼べないほど未熟な練習をしていた頃、何度となくその光景を見に来ていた人がいたのです。

山野校長が不思議に思って声をかけてみると、その人は新聞記者だったのですが元高校球児で、しかもなんと69年夏の甲子園で、太田幸司さん擁する三沢（青森）との史上初の決勝引き分け再試合で勝利した松山商（愛媛）の投手・井上明さんだったのです。

井上さんは、子どもたちが一生懸命に野球に打ち込む姿に惹《ひ》かれて練習を見に来るようになっていたそうで、その後は指導をしてくれたこともあったそうです。

そして迎えた夏の県予選、水戸南は悲願の1勝に向けて走り出します。

しかし、現実は甘くありませんでした。結果は0対12の5回コールド負け。

それでも彼らの野球に意味がなかったとはいえません。勝敗以上に貴いものが彼らの野球にはあったのです。

その後、山野校長は水戸南から明野《あけの》に異動しました。そこで定年を迎えた後は水城高校の校長となり、監督とは違う立場から野球の指導に力を入れてきました。

それが実を結んだのは10年のことです。

夏の地区予選決勝で霞《かすみ》ヶ《が》浦《うら》を11対0で破った水城が、甲子園初出場を決めたのです。

原貢監督の東海大相模

名将といえば、原貢《みつぐ》監督に触れないわけにはいきません。原辰徳前巨人軍監督のお父さんですが、東海大相模といえば原貢、原貢といえば東海大相模というくらいの存在です。

そんな東海大相模のある神奈川県は、全国屈指の高校野球激戦区です。

パッと浮かぶだけでも、東海大相模、横浜、桐光《とうこう》学園、桐蔭《とういん》学園、横浜隼人《はやと》と強豪がひしめいていますが、かつては慶応と法政二が引っ張ってきた時代がありました。

慶応は戦前から60年代初頭まで、そして50年代からは法政二が台頭してきます。特に50年代半ばから60年代初頭までは完全に法政二の時代で、57年から61年まで5年連続で夏の県予選を突破。甲子園では57年に準優勝、60年に優勝、翌61年にもベスト4に入っています（61年選抜でも優勝）。

このときの法政二は甲子園での戦績もさることながら、その哲学、組織野球の導入、練習方法に至るまで当時の高校野球の最先端をいっていました。ここで学んだOBがその後全国に散らばってそのメソッドを伝えていったということでは、高校野球に与えた影響は計り知れないものがあります。

そしてこの法政二の牙城を崩そうとしたのが東海大相模でした。65年に三池工（福岡）で夏の甲子園を制した原貢監督を招聘《しょうへい》して強化に乗り出したのです。しかし、原貢監督が就任した東海大相模もしばらくは神奈川にひしめく強豪校の高い壁を越えられずにいました。当時は法政二だけでなく武相《ぶそう》、日大といった学校も力をつけていたのです。

ようやく念願かなって甲子園初出場を決めたのは69年夏のことでした。このときは

1回戦負けでしたが、ここから東海大相模の時代が訪れます。

翌70年、選抜に続いて夏の甲子園に出場するとそこで初優勝。その後も辰徳さんとの親子鷹《おやこだか》が注目されるなど一気に全国での知名度を高めていきました。

監督同士の意地のぶつかり合いが強くした？

この頃、神奈川で同じく力をつけ始めていたのが横浜でした。

63年に夏の甲子園に初出場、73年の選抜では初出場初優勝を達成しますが、それでも強豪揃いの神奈川では盟主の座を奪うには至りません。ようやく横浜が2度目の夏に駒を進めたのは初出場から15年後の78年のことでした。この頃は横浜商も力をつけてきており、東海大相模と合わせて3強時代となっていきます。

当時の横浜と横浜商の台頭については、横浜の渡辺元智《もとのり》監督と横浜商の小倉清一郎《きよいちろう》監督が横浜野球部で同期だったという関係を抜きにしては語れません。

67年、渡辺監督は母校の監督になります。その後、渡辺監督の教員免許取得のため小倉監督、渡辺部長という体制に移行するわけですが、ここでメンバーの起用を巡って衝突。結局、小倉監督が辞任して渡辺部長が再び監督になります。

しかし、このままで収まらなかったのは小倉監督です。

当然といえば当然でしょう。同期に対するプライドもあったと思います。そして小倉監督は、「渡辺が母校の監督になるんだったら自分は横浜商を強くしてやる」ということで横浜商のコーチになるわけです。

この2人がすごいのは、それでお互いが結果を出してしまったことです。普通なら同期同士の意地の張り合いでしかないものが、2人ともそれぞれの高校を強豪へと押し上げてしまったのですから。ここまでくれば意地の張り合いも正真正銘の本物です。

しかし、他の高校も黙って見ていたわけではありませんでした。

80年代に入ると桐蔭学園、法政二、日大藤沢といったあたりが力をつけてきます。77年、息子・辰徳さんの東海大学進学と同時に東海大学の監督になっていた原貢監督も、辰徳さんが卒業した81年に東海大相模に復帰しました。そんな中、渡辺監督が小倉監督に横浜に戻ってきてほしいと声をかけたのは90年のことでした。

先に述べた通り、新たなライバルの台頭もあります。甲子園で勝てない悩みから一時監督の座から退いていた渡辺監督でしたが、自身の監督復帰にあたり、どうしても小倉監督に戻ってきてもらいたかったのです。

2人の間には因縁があります。それでも最終的に小倉監督は首を縦に振りました。こうして横浜は再結成された渡辺監督・小倉部長体制の下で復活の道を歩んでいくことになります。この2人はまさにコンビというのがぴったりです。

お笑いでもツッコミとボケという持ち味の違う者同士がコンビを組むものですが、渡辺監督と小倉部長もまさにそうでした。渡辺監督が主に采配や選手のメンタル面を担当し、小倉部長が主に技術面を見るというように分業化していたのです。

そして再結成から8年後の98年、横浜はエース松坂大輔投手を擁し、史上5校目となる春夏連覇を成し遂げます。

現在、このお二人は第一線を退いています。10年に定年を迎えた小倉部長はその後コーチとなりますが14年に勇退。渡辺監督も15年に勇退しています。

無敵を誇った法政二、原貢監督率いる東海大相模、そして横浜と横浜商でシノギを削りながら横浜で一緒になった渡辺監督と小倉部長。こうして歴史を眺めてみると神奈川の高校野球もひとつの時代が終わったという感じがします。

そしてそれは現在神奈川で指導をする若手監督も同じ思いのようです。現在、神奈川はどこが勝ってもおかしくない群雄割拠の時代に突入しつつありますが、その中で、原、渡辺・小倉と続いてきたその後を継ぐのは自分だと情熱をたぎらせています。

島根の破天荒監督

島根はいまだ甲子園での優勝も準優勝もありません。

夏の甲子園で4強というのが最高ですが、3回のうち2回は戦前のことで、残りの1回も03年に江《ごう》の川《かわ》(現・岩見智翠館《いわみちすいかん》)がなったきりです。

このように胸を張って誇れるような戦績はありませんが、島根には非常に個性的な監督がいました。それが府中東(広島)と松江一(現・開星《かいせい》)の2校で甲子園に出場した経験をもつ、野々村直通《なおみち》監督です。

実は野々村監督とは個人的に懇意にさせていただいています。その人柄をひと言でいえば「男気あふれる昭和の男」。

でも決して古くさくて時代遅れというわけではなく、子どもの心をがっちりとつかんでしまうという本当に魅力あふれる人です。

野々村監督は島根県立大東《だいとう》高校から広島大学に進み、硬式野球部では2年のときに広島六大学の首位打者を獲得。4年次には主将として全日本大学野球選手権にも出場しています。

その後、大学を卒業した野々村監督は美術教師として、島根のお隣広島にある府中東に赴任します。ここで初めて野球部の監督になるわけですが、当時の府中東は、それはそれは荒れに荒れていた学校だったそうです。

ちなみに、美術教師で野球部監督というのも全国的に珍しい存在で、野々村監督には後に「山陰のピカソ」というあだ名がつけられました。そんな中、野々村監督は持ち前の男気を存分に発揮し、府中東を79年の選抜に導きます。

当時の広島といえば広島商、広陵《こうりょう》が幅を利かせていた時代ですが、府中東は広島商にも土をつけたことがあるそうです。

その後島根に帰郷した野々村監督は松江日大を経て86年に松江一の教員となります。

そして88年に野球部が創設されるとその初代監督となり、創部6年目の93年に夏の甲子園に出場しました。

そして2度目の甲子園出場は開星に改称後の01年の夏。野々村監督はここから一時代を築いていきます。

最終的に12年に監督を退任するまで春夏合わせて計10回甲子園に出場（府中東含む）。「島根といえば開星」といわれるまでになったのです。

ところで、開星を県内屈指の強豪に育て上げた野々村監督ですが、10年には一度監督をやめています。

その春の選抜で、開星は21世紀枠で出場してきた向陽《こうよう》（和歌山）に1対2で敗戦しました。

21世紀枠とは、それまでの秋季大会の成績などとは別に「ボランティア活動といった野球以外の活動での地域貢献で他校の模範となる」などという基準で選ばれた学校です。誤解を恐れずにいえば、他校の模範になる学校であれば、多少実力が劣っていても選ばれるというわけです。

だからこそ野々村監督は21世紀枠の高校に敗戦したのが相当悔しかったのでしょう。そこで「切腹」「末代までの恥」といってしまったのです。

この発言は当然物議を醸すことになりました。これらの言葉が出たその根には、21世紀枠での出場校を格下に見ている気持ちがあるということになったのです。

そもそも野々村監督は、著書『やくざ監督と呼ばれて』のタイトルにもある通り、外見はやくざそのものといった風貌です。ファッションも奇抜なので、傍《はた》から見ている人には非常に誤解されやすいタイプといえます。

そんな〝やくざ監督〟から「切腹」だの「末代までの恥」という言葉が出たのですから周囲が騒がないはずはありません。

たとえで出すのは恐縮ですが、栽監督や木内監督が同じ発言をするのとでは、どうしたって周囲の捉え方は違ってきてしまうのです。

そして、この騒動を収束させる唯一の方法は、やはりというべきか、辞任しかありませんでした。しかし、この話には続きがあります。

なんと辞任を聞きつけたOBや保護者、高校野球ファン、ひいては言われた側の向陽高校関係者らが復帰を求めて署名運動を始めたのです。

集まった署名は実に８０００。こうして野々村監督は11年に再び開星の監督に就任するのです。

これこそはまさに野々村監督の真骨頂といえるでしょう。

やくざのような風貌ながら、周囲の人々は野々村監督のもつ人間としての大きさ、魅力をしっかり理解していたのです。

実際お会いしてみるとわかりますが、野々村監督は見た目に反して（失礼！）、本当に生徒思いで情に厚い人です。こんな人に野球を教えてもらった子どもはなんて幸せなんだろうなと、そう思わせてくれる人なのです。

第二章
ハンパねぇ奇跡のドラマたち

「新湊旋風」が熱かった！

愛知の私学4強。第一章で紹介した中京大中京、東邦《とうほう》に続いて、次は愛工大名電《めいでん》にいきましょう。

愛工大名電といえば、やっぱりイチロー選手ですよね。日米それぞれの舞台で数々の偉業を成し遂げているこの選手を知らない人は、もはや日本にはいないでしょう。とはいえ、愛工大名電における甲子園の歴史という意味では、西武ライオンズなどでプレーし、現在は福岡ソフトバンクホークスの工藤公康《きみやす》監督ということになるでしょう。

1981年の夏の大会では2回戦で長崎西（長崎）を相手にノーヒットノーランを達成するなど、エースとしてチームをベスト4に導きました。

ちなみに、当時の学校名は愛工大名電ではなく「名古屋電気高校」です。会社の名前みたいだなと思って見ていたのは僕だけでしょうか。歴史を感じます。

私学4強、最後のひとつは享栄《きょうえい》です。

享栄には個人的に非常に親しみを感じています。というのも、享栄の選手たちにはどこかヤンチャな感じの雰囲気が漂っていたんです。

中でも僕が一番好きなのは、藤王康晴《ふじおうやすはる》選手です。

83年の選抜でホームランを3発打ったスラッガーで、卒業後はドラフト1位で中日ドラゴンズに入団しますが、眉毛も細くて、80年代のヤンキーを絵に描いたような風貌の選手でした。

80年代中盤の愛知をリードしたのは享栄ですが、藤王選手の3つ下には近藤真一《しんいち》（後に真市と改名）投手もいます。86年には春夏連続で甲子園に出場。10年に一人の逸材としてドラフト会議では5球団が1位指名で競合しました。そしてその期待に応えるかのように、中日に入団した近藤投手は、プロ1年目のデビュー戦で巨人を相手にノーヒットノーランを達成します。これはプロ野球史上初の快挙でした。

しかし、そんな近藤投手も86年の選抜では1回戦で姿を消しています。

相手は富山の新湊《しんみなと》。

そう、あの「新湊旋風」と呼ばれた活躍を覚えている方もいるかもしれません。このチームは、僕が高校野球の歴史上で一番好きなチームでもあります。

いまでこそ富山県内では強豪のひとつに数えられるようになった新湊ですが、当時は普通の公立高校でした。学校があるのも都市部ではなく海沿いの漁師町です。当時、富山はお世辞にも高校野球が強いとはいえませんでした。春夏通じてそれまでの最高はベスト8。このとき新湊が選抜に出るのも富山県勢としては実に16年ぶりのことでした。

しかしこの大会で、新湊は甲子園に「旋風」を巻き起こすのです。

チーム打率は出場校中最下位。近藤投手を擁する享栄がAランクなのに対して、新湊はCどころかDランクでしかありません。この対照的なチームが1回戦で対戦し、誰もが享栄の勝利を信じて疑わない中、新湊は2安打完封の1対0で勝利を収めたのです。新湊には特別目立つような選手は誰一人としていませんでした。先発の酒井盛政投手はオーソドックスな右投げでストレートも130キロほどしか出ません。

ただ、天が味方につきました。試合当日は雨だったのです。ぬかるんだグラウンドに享栄の選手たちはてこずります。結果、近藤投手は前評判通りの好投で12奪三振を奪ったものの打線は最後まで沈黙したままでした。まさに大金星です。

確かにグラウンド状態は万全とは程遠い状態でした。

でも享栄の選手たちがグラウンド状態の悪さを嘆いていた一方で、新湊の選手たちは平然とした顔で「自分たちは雪解けのグラウンドで練習してきたから慣れていた」と言い放ったのです。

僕はこの試合を観ながら、これこそ「ザ・高校野球」だと思いました。

目立った選手が一人もいない力の劣るチームが、誰も予測できない天候を味方につけてエリートを揃《そろ》えた優勝候補を相手に勝利を挙げる。まさに、一発勝負の醍醐味《だいごみ》ここにあり！　です。

そしてこの勝利で波に乗った新湊は、2回戦で拓大紅陵《こうりょう》（千葉）を退けると準々決勝では京都西（京都）を延長14回の末に破って、県勢初となるベスト4に進出します。

残念ながら準決勝では、それまでの疲労もあってか酒井投手のピッチングに冴《さ》えがなくなり、宇都宮南（栃木）に8点を奪われて敗退しますが、地元の大応援とともに甲子園に強烈な印象を残しました。

その年の夏、新湊は再び甲子園に戻ってきています。

ただ、このときはファンの記憶もまだ新しく上位進出が期待されていたものの、天理（奈良）を相手に惜しくも初戦で敗退しています。それでもこの年の新湊の活躍は「新湊旋風」としていまもなお語り継がれています。

ちなみに、このときのエースだった酒井投手ですが、何年か前のテレビ番組で紹介されていたときは地元でホタルイカの漁師をしているとのことでした。

ホタルイカは居酒屋なんかでもよくあるメニューです。新湊が大好き過ぎる僕は、このホタルイカはもしかしたら酒井投手がとったものかもなんて妄想しながら、美味《おい》しくいただいています。

世にも珍しいサヨナラボーク物語

私学４強といわれる愛知ですが、それを追う２番手グループも強豪揃いです。

たとえば三河《みかわ》地区では愛知産大三河、豊川《とよかわ》、豊田大谷《とよたおおたに》などがシノギを削っています。

豊田大谷といえば、98年夏の大会で「サヨナラボーク」という非常に珍しい形で勝利したことがあります。これはおそらく長い甲子園の歴史でも初ではないでしょうか。

相手は山口の宇部商《うべ》でした。

昼過ぎに始まった試合は1点リードされていた豊田大谷が9回裏に追いつき2対2で延長に突入します。その後、両チームともなかなか得点できなかったのですが、15回の裏に豊田大谷が無死満塁と絶好のチャンスをつくります。

宇部商の藤田修平投手に対するのは7番の持田泰樹選手。

ところが、1ボール2ストライクとなった次の投球の際、藤田投手はキャッチャーからの複雑なサインに投球動作を止めてしまったのです。

これを見た林清一《せいいち》球審はすかさずボークを宣言します。これにより3塁走者がホームを踏み、熱闘にあっけない幕切れが訪れました。

ルールに沿っているとはいえ、当時これにはいろいろな意見がありました。

お昼過ぎに始まったゲームですので、この頃は日差しも最高潮。そんな炎天下の中、たった一人で200球以上を投げ抜いてきた藤田投手の、ほとんど無意識ともいえる動作をボークとしてしまうのはいかがなものかというのが、負けた宇部商に同情する側の声でした。

でも僕は、この判定は正しかったと思います。ルールはルールですし、どれほど暑くても炎天下という状況はどちらのチームにとっても変わりありません。それでも、こうした同情の声が上がるのはやっぱり高校野球なんでしょうね。

ただ、いろいろな意見があるにせよ、一番立派だったのは、ボークを取られた本人である藤田投手でした。彼はその後、ボークについて「自分も意識が朦朧《もうろう》とする中で審判はしっかり見ていてくれた」と、そう語っていたのです。

これには心が震えました。

悔しい思いも、そして敗戦の責任も感じていたはずなのに、なんでこんなことがいえるのか。

自分が高校時代にもし同じようなことがあったら、こんなふうにいえるだろうか。いや、たぶんいえない。同じ藤田なのにこうも違うなんて……。そう思いながら、僕は心から藤田投手に拍手を送りました。

立派だったのは藤田投手だけではありません。

試合後、林球審は投げられることなく手元に残ったボールを藤田投手から受け取らなかったのです。

通常、ウイニングボールは勝利チームに渡されます。でも林球審はそうしませんでした。そして勝った豊田大谷もそれを快く認めたのです。

まさに試合に敗者なし。そうです、この試合に敗者はいなかったのです。

現在西武でプレーする上本達之《うえもとたつゆき》選手は、このときの宇部商のキャッチャーです。

藤田投手が投球動作を止めたのは上本選手がサインを出し直したことが原因ですが、このことについて上本選手は「（藤田ではなく）自分が悪かった」というコメントを残しています。

甲子園に愛され続ける星稜高校

石川の星稜《せいりょう》は、野球部だけでなくサッカー部なども強い総合スポーツ校です。

でも実は、春夏を通じて星稜はまだ一度も頂点に立ったことがありません。それでも、高校野球の歴史をひもとくとこれほど甲子園に愛されているチームは他にないということがわかります。

記録と記憶。スポーツを語る上ではこの2つはポイントとなるものですが、記憶という面において星稜ほど印象深いチームはありません。

2014年、0対8から9回裏に9点を奪い小松大谷《こまつおおたに》を大逆転で下して夏の甲子園出場を決めたのは先に述べましたが、それからさかのぼること22年前、星稜は松井秀喜選手が5打席連続敬遠されたことでも有名です。

92年夏の甲子園、怪物・松井を擁する星稜は2回戦で高知の明徳義塾と対戦しました。

スコアは3対2。勝ったのは明徳義塾です。

しかし、その戦術に対しては日本中でブーイングの嵐が吹き荒れました。ランナーの有無にかかわらずバットを一度も振らせないという徹底ぶりで、松井選手との勝負を最後まで避け続けたのです。

この件についてはその後テレビ番組でも特集が組まれたりしていますが、感情論を排していえば、星稜が負けたのは松井選手への敬遠ではなく、その後を打つバッターが打てなかったというのが一番の理由でしょう。

もちろん、彼らにも相当なプレッシャーがあったはずです。

日本中が注目する松井選手が目の前で敬遠された。それを見ている誰もが、松井選手が生還して敬遠は失敗だったと明徳義塾が悔しがる姿を見てみたい。

暗黙のうちにその任を託されていたのですからたまったものではありません。

そしてそれは、凡退を続けるたびにさらに大きなプレッシャーとなって両肩にのしかかってきたはずです。実際、5連続敬遠で明徳義塾が叩《たた》かれる中で、5番を打っていた月岩信成《のぶなり》選手は、それ以上に自分が打てなかったことを気に病んでいたようです。

一方、日本中を敵に回してしまった明徳義塾ですが、冷静になってみれば彼らも彼らなりにリスクを背負っていたことがわかります。

実際、松井選手を敬遠することで1死2、3塁を1死満塁にした3回も、1死1塁を1死1、2塁とした5回も明徳義塾は失点しています。それでもなお、失点をこの2点だけに抑え、逆に3点を奪ったことが明徳義塾の勝利につながったのです。

延長18回、高校野球史上最高の試合

星稜の伝説は他にもあります。

92年の5打席連続敬遠から、さらにさかのぼること13年前。79年夏の甲子園で、星稜は高校野球史上最高の試合とうたわれる箕島《みのしま》（和歌山）との延長18回におよぶ大激闘を繰り広げています。

大会9日目に行われた3回戦、星稜は箕島と対戦します。4回にそれぞれ1点を取った試合は9回を終えて1対1のまま延長に突入。そしてドラマは12回に訪れました。

12回表に星稜が1点を勝ち越します。

その裏の箕島の攻撃は簡単に2人が倒れてしまって2死。ここで最後のバッターになるかと思われた嶋田宗彦選手がなんと監督に「ホームランを狙ってもいいですか」と尋ねたのです。

この大胆な発言に監督は首を縦に振ります。もしかしたら何か予感めいたものがあったのかもしれません。そしてそれは現実のものとなります。1ボールノーストライ

クからのボールをレフトのラッキーゾーンに叩き込んで、12回裏2死という土壇場で同点としたのです。

ここまででもかなりドラマチックな展開です。ただ、この試合が後に高校野球史上最高の試合と呼ばれたのは、このホームランがメインディッシュにならなかったことでした。

16回表、星稜は再び勝ち越します。一度は勝利が手の中から滑り落ちていってしまった状況にもかかわらず、いま一度勝利への執念を見せたのです。

その裏の箕島の攻撃。簡単に2アウトを取られた箕島は、森川康弘選手がファーストの近くにファウルフライを打ちあげてしまいます。万事休す。これを捕れば試合終了。試合を観ている誰もがそう思ったとき、ファーストを守っていた加藤直樹選手が足を取られて転倒してしまいました。

実はこの年、甲子園はベンチ前に人工芝を敷設していたのです。つまり、選手たちにとっては新しい環境で初めて迎えた夏の大会でした。

そして、よりにもよってこの大事な場面で、加藤選手は人工芝との境目に足を取られてファウルフライを捕り損ねてしまったのです。もちろん、試合はそのまま続行です。

そして、これによって命拾いした森川選手は、カウント1ボール2ストライクから左中間スタンドへ同点本塁打を放ったのです。

延長に入ってから、2度目の2死ランナー無しからのホームラン……。この試合を実況していたNHKの内藤勝人《かつと》アナウンサーは「奇跡というより仕方ありません！」と叫んだそうです。

そして迎えた18回裏の最後の攻撃。ここで無得点だと引き分け再試合になるという土壇場で箕島が最後の力を振り絞ります。1死1、2塁からヒットが出ると、3番辻内崇志選手のヘッドスライディングによる見事なホームインでサヨナラ勝ちを収めたのです。こうして高校球史に残る伝説の試合は幕を閉じました。

しかし、話はここで終わりません。

両チームにとって平等な環境だったとはいえ、この大会はベンチ前に人工芝が敷設されて迎えた初めての大会です。去年のままであればあるいは星稜が勝っていたかもしれないという思いは誰の胸にもありました。

そしてそれは、この試合で審判を務めた永野元玄《もとはる》球審も同じでした。永野球審は、負けた星稜の堅田外司昭《かただとしあき》投手に「ウイニングボール」の意味を込めて、腰の袋から出したボールを渡しています。そして永野球審は後に、「ゲームセットのボールでは負けたときを思い出してつらいだろうから、試合の途中に使っていたボールを渡した」と語っているのです。こうした大人の心遣いも高校野球ならではのものです。そして、それはきちんと選手にも伝わっています。

その後、堅田投手は社会人野球でプレーしますが、引退後は高校野球の審判員になり、03年からは甲子園で審判を務めています。堅田選手の引退後の人生に、このときの永野球審の姿が強く影響していることはいうまでもありません。

星稜は、いわば甲子園の「名脇役」といえる存在です。

しかし、期待を込めてそれは「いまのところ」といっておきましょう。主役になった暁には、これまでの数々の伝説もより光り輝くものとなるはずです。

創部1年4ヵ月で甲子園に出場！

もう少し石川の話を続けましょう。

石川の高校野球は星稜と金沢が2強として長く引っ張ってきました。

しかし、現在その構図は崩れてきています。遊学館《ゆうがっかん》が台頭してきたのです。

遊学館は96年まで金城《きんじょう》という女子高でした。野球部ができたのは01年のことです。

ところが、なんと創部1年4ヵ月にして甲子園出場を果たしてしまったのです。

キーマンとなったのは部の創設と同時に監督に就任した山本雅弘さんでした。

山本監督は星稜中学を長く率いていた監督です。全国大会にも何度も出場してチームを優勝にも導いています。

そもそも星稜には星稜中学から内部進学する選手が多いのですが、このときは山本監督が移ったからという理由で遊学館に進学した選手も多かったようです。

とはいえ、3年生がいない1、2年生だけのチームで甲子園出場というのは掛け値なしにすごいことです。そしてその勢いに乗るかのように、彼らは初出場にもかかわらずベスト8まで勝ち進んだのです。

創部1年4ヵ月での甲子園出場は、もちろんその時点での創部最速出場記録です。

しかし、この記録を塗り替える学校が11年の選抜に現れました。それが岡山の創志《そうし》学園です。

創志学園は学校自体が10年に新設されたばかりの学校です。当然野球部もそのときに創部されたわけですが、選抜に出るためにはその前年度の秋季地区大会でそれなりの成績を残さなければなりません。

つまり、このときの創志学園は、オール1年生で秋季大会を勝ち進み、2年の新学期が始まる前に選抜に出場したというわけなのです。

残念ながら試合は1回戦で北海道代表の北海に1対2と惜敗しますが、キャプテンの野山慎介選手が選手宣誓を引き当てています。

開会式が行われた2011年3月23日といえば、東日本大震災からまだ10日ほどしか経っていないときでした。

そんな中で行われた大会の開幕日、「私たちは16年前、阪神淡路大震災の年に生まれました」で始まる選手宣誓を覚えている方も多いのではないでしょうか。

そうです、あの宣誓をしたのが創部から約1年で甲子園出場を果たしてしまった創志学園の野山選手だったんですね。

この記録は当然のことながら春夏通じて最速の記録です。

ただ、記録もここまでくればまず破られることはないでしょう。

これを破る唯一の道は、4月に創部してその年の夏に甲子園に出場するしかありませんが、これこそは漫画的世界の離れ業《わざ》です。

ちなみに創志学園は16年の選抜にも出場しており、11年以来5年ぶりに甲子園の土を踏んでいます。

2つの高校で初出場初優勝を成し遂げた名将

創部最速出場の記録があれば、当然、創部最速優勝という記録もあります。

長い歴史を誇る高校野球ですが、それでも全国的に見ればまだ一度も甲子園に出たことがない学校のほうが、当然ながら圧倒的に多いものです。

そんな中で甲子園に出場するだけでなく、なおかつそこで優勝するのがどれほど大変なことか。考えただけで気が遠くなるような話ですが、たった3年でこの偉業を成し遂げてしまった学校があります。

それが愛媛の済美《さいび》です。

声も出ないとはまさにこのことです。なんせできたばかりの野球部に入部した1年生が3年生になる春に選抜に出場し、さらにそこで優勝してしまったんですから。

これを奇跡と呼ばずに何を奇跡と呼べばいいのでしょう。ちなみに済美も元は女子高で02年に共学になった学校ですが、女子高が共学化を機に野球部をつくって強化するというのは全国的に見られる流れです。

さて、最速出場記録を打ち立てた遊学館もそうでしたが、ここでもキーマンとなったのはやはり監督でした。創部と同時に監督に就任したのは、同じ愛媛県内で長く高校野球の指導者をしていた上甲正典《じょうこうまさのり》さんです。

75年に母校の宇和島東の野球部コーチになると2年後に監督に就任。87年夏に甲子園初出場に導くと、翌年の選抜に初出場し初優勝に導きました。

「あれ？」と思った人も、もしかしたらいるかもしれませんね。

そうなんです、実は上甲監督は2つの高校で、初出場初優勝を達成しているのです。優勝もさることながら、別の2校で、しかも初出場時という1度きりしかない機会にそれを成し遂げているのですから、もはや言葉もありません。

別の2校で優勝したということでいえば、原貢監督と木内幸男監督の顔が浮かびます。

原監督といえば東海大相模というイメージですが、その前に福岡の三池工を65年の夏に初出場初優勝に導いています。

ちなみに、強豪校が多いイメージの工業高校ですが、実はこれまで甲子園で優勝したことのある工業高校は2つしかありません。

そのうちのひとつが原監督が率いた三池工であり、もうひとつが68年の選抜を制した大宮工（埼玉）です。

ちなみに、埼玉県勢の甲子園優勝はこのときと、13年春に浦和学院が選抜を制したときだけで、夏の甲子園での優勝はいまだ一度もありません。

また、木内監督は取手二と常総学院（共に茨城）で優勝していますが、公立高校と私立高校の双方で優勝しているのも上甲監督、原監督と一緒で、3人に共通している点なのです。

まだまだあるぞ！
甲子園のハンパねぇ話①

KKコンビの最後の夏となった85年。このとき、清原選手に匹敵するスラッガーとして脚光を浴びていたのが、PL学園と決勝で当たった宇部商の藤井進選手です。

準決勝までに打ったホームランは、１大会の最多記録に並ぶ４本。準決勝で２本放った清原選手も３本で猛追しており、決勝でどちらが記録を更新するかが注目されていました。

４回裏、清原選手が４本目のホームランを放ってPL学園が同点に追いつきます。６回表、今度は宇部商がチャンスを迎えました。この好機に藤井選手は桑田投手の球をとらえて大飛球を放ちます。しかし、打球はもうひと伸びが足りずフェンス直撃。そして直後の６回裏、清原選手がこの日２本目となるホームランを打ち、再び同点となりました。結局、藤井選手は５本目を打つことなく、チームも準優勝。それでも１大会14打点は、清原選手を凌ぎ、08年に大阪桐蔭の萩原圭悟選手に破られるまでの最多打点記録でした。

第二章

東北勢準優勝11回、優勝0回の謎

なぜか、あと一歩が届かない

春夏通じ、甲子園の優勝旗が東北に持ち帰られたことはまだありません。ただ、決勝まで進んで、あと一歩のところまで迫ったことは実はかなり多いんです。

青森県勢は、1969年夏に三沢が、2011年夏から12年夏にかけて光星学院（現・八戸学院光星）が3季連続で準優勝しています。

他の県では、1915年の第1回大会で秋田の秋田中学（現・秋田高校）が、岩手では09年選抜でエース菊池雄星《ゆうせい》投手（現・埼玉西武ライオンズ）を擁した花巻東が、宮城では仙台育英（89年夏、01年春、15年夏）と東北（03年夏）が、そして福島県勢も71年夏に磐城《いわき》が準優勝しています。

つまり合計すると春夏合わせて11回も決勝に駒を進めながら、それでも最後の壁を突破できないもどかしさがあるわけです。

その中にあって、実は山形だけは準優勝もありません。05年春の羽黒《はぐろ》、13年夏の日大山形のベスト4が甲子園での最高記録です。

そんな山形は、比較的早く野球留学が広がった地域です。

きっかけとなったのは、ある一つの試合でした。

85年夏の甲子園の2回戦、東海大山形対ＰＬ学園です。

ＫＫコンビこと桑田真澄《ますみ》投手と清原和博選手が3年生のときですね。ＰＬ学園は84年の夏は決勝で木内幸男《ゆきお》監督率いる取手二に敗れて準優勝だったものの、その前年の83年は優勝しており、この大会でも絶対的な優勝候補でした。

そんなＰＬ学園に対し、東海大山形は7対29というスコアで大敗します。

この29失点というのは、いまも破られていない1試合における最多失点記録です。

上に「7」、下に「29」と記されたスコアボードは、高校野球の歴史を振り返るときに必ずといっていいほど使われる映像ですが、ＰＬ学園の怪物じみた強さの引き立て役になっていたのは山形だったのです。

しかも、東海大山形の最後の攻撃となった9回裏には、本職ではない清原選手がマウンドに立ったというのですから、まさに敗戦に輪をかけた屈辱だったといえるでしょう。その後、ＫＫコンビを擁するＰＬ学園は前評判通りに優勝します。

ところが、負けた当事者である山形は収まりません。なんと、この記録的な敗戦が県議会の議題にまで取り上げられ、高校野球を強化しなければならないという話になったのです。

そこで最初に着手したのが指導者の招聘《しょうへい》でした。主に関西圏からだったようですが、指導者のつながりからやがて選手も関西圏からやってくるようになりました。

野球留学はいまもなお賛否両論があります。

ただ、早くから野球留学が広まった山形の事情を知ってみると、甲子園で優勝するためというよりは「負けるにしてもあまりに無様な姿はさらしたくない」という切実な思いが伝わってきます。

とはいえ、やはり野球留学には弊害もあるのかもしれません。99年に栗原健太選手（現・東北楽天ゴールデンイーグルス）が広島東洋カープに入団するまで、プロ野球界には山形出身選手がいないという状態がしばらく続いたりもしていました。

ブラジルからの野球留学生⁉

野球留学ということでは、山形には他県からではなく、ブラジルから選手を連れてくるということをやっている高校もあります。

それが05年の春に山形県勢として初めてベスト4に進んだ羽黒です。これは全国的にも珍しく、他には本庄一（埼玉）、日南学園（宮崎）くらいしか思い浮かびません。

羽黒は日本海に面した鶴岡市にあります。ただ、鶴岡市は特にブラジルのどこかの都市と姉妹都市であるわけでもないですし、ブラジルからの出稼ぎ労働者が多いわけでもありません。

強いていえば、普通科に国際コースがあるので国際交流に力を入れているというところはあるのでしょう。いずれにしても、一般的には日本よりもレベルが劣り、競技人口も少ないといわれているブラジルからの留学生を受け入れて甲子園ベスト4まで進んだのは立派です。ちなみに羽黒では他の部活にもブラジル人が多くいて、サッカー部は何度も全国高校サッカー選手権大会に出場しています。

羽黒を卒業したブラジル人球児は栃木にある白鷗《はくおう》大学に進学して野球を続けることが多いようです。きちんとルートができているというわけですね。

白鷗大学野球部は現在、関甲新学生野球1部リーグにいますが、高校で野球が終わらずに大学でもプレーを続けられる環境があるということは高校野球ＯＢとしてはやっぱり嬉《うれ》しいですし、面白いところです。

彼らの中にはブラジル代表となる選手がいたり、また引退後も母国で後進の指導に当たったりもしているでしょうし、そう考えると山形と栃木で培われた日本の野球が、地球の反対側にあるブラジルでその地の野球の礎となっているというのはそれだけでロマンがあります。

しかも近年では、金伏《かねぶし》ウーゴ選手（佐野日大。12年、東京ヤクルトスワローズに入団。現・巨人）、ルシアノ・フェルナンド選手（桐生第一。15年、楽天に入団）といった日本でプロになるブラジル出身の選手も出てくるなど注目を集めてきています。

サッカーだけでなく、野球でもブラジル！　という時代が来るかもしれませんね。

野球留学を許さない秋田県

山形は野球留学が比較的早く取り入れられていますが、一方でお隣の秋田は公立はもとより私立も野球留学に積極的ではありません。

秋田はラグビーやバスケットボールも強いのですが、これらの競技でもやはり秋田県出身ということにこだわりがあるようです。ヤクルトで活躍する石川雅規《まさのり》投手は秋田市出身で秋田商に進んでいますし、同じく秋田商の後輩で16年に千葉ロッテマリーンズに入団した成田翔《かける》投手もやはり秋田市出身です。

とはいえ、全国的に野球留学が広まっている今日、地元出身にあまりにこだわるというのは大きなハンデになってしまいます。

実際、秋田県勢は98年から10年まで、実に13年間連続で夏の甲子園初戦負けを続けています。そして悲しいかな、これは同じ東北の青森と山形と並んでワーストタイ記録でもあるんです。

先にも述べた通り、東北勢で甲子園優勝を果たしたところはまだありません。

山形以外の県は準優勝していますが、その中で秋田の準優勝はさかのぼること約100年前の1915年夏のことです。2015年夏は秋田商が95年の金足《かなあし》農以来となるベスト8入りをしていますが、ベスト4については89年夏の秋田経法大付属（現・明桜）までさかのぼらなければなりません。

ちなみに、最近農業高校自体の数が減ってきている中で、この金足農は全国でもほぼ唯一といっていいほど甲子園での知名度が高い農業高校です。

これまで甲子園には春夏通算8回出場しており、初出場の84年夏にはベスト4、95年夏にはベスト8と結果を残しています。

野球留学の走りは青森県

かつて、甲子園の優勝旗はいつ白河《しらかわ》の関《せき》を越えるのかといわれていました。

しかし、04年に駒大苫小牧《とまこまい》が初優勝を果たすとそれもいわれなくなりました。優勝旗は白河の関どころか、一気に津軽海峡を飛び越えてしまったのです。

そんな東北で、他の地域から優秀な選手を連れてこようという動きが始まったのは当然といえば当然です。

このいわゆる「野球留学」の先鞭《せんべん》をつけたのは青森でした。

青森は太田幸司擁する三沢が69年夏に準優勝しています。

その後は長らく低迷していましたが、最近では八戸学院光星（13年に光星学院より改称）と青森山田の2強に加え、この2校を破って13年夏に甲子園初出場を果たした弘前学院聖愛《せいあい》が追随するという時代に突入しています。

特に光星は11年夏、12年春夏と3季連続で準優勝を果たし全国区の強豪として名を上げました。ちなみに、12年の春夏はどちらも決勝の相手が大阪桐蔭でしたが、同年の春夏決勝が同一カードというのは史上初のことでした。

2強のうち、先に強化に乗り出したのがこの光星でした。

93年に大阪の桜宮OBで東北福祉大でプレーした仲井宗基《むねもと》さんをコーチに招聘すると、95年には東北福祉大でコーチをしていた金沢成奉《せいほう》さんも監督に招きます。その後、10年に金沢監督の勇退に伴い仲井コーチが監督になるのですが、それこそ仲井さんが光星に来た当初はとても野球をできる状態ではなかったそうです。

資金面についても私立である光星は公立に比べればよかったのかもしれませんが、その代わり、県高野連からの助成金は公立校より少なかったようです。

中でも一番の悩みの種は部員が集まらないということだったようです。選手がいなければそもそも強化をすることができません。

そこで仲井監督は同じく桜宮のＯＢで東北福祉大で監督を務める伊藤義博《よしひろ》さんに相談したそうです。

仲井監督も金沢前監督も東北福祉大学でプレーしていますので、伊藤監督とは師弟関係にあります。そもそも仲井監督が光星のコーチになったのも伊藤監督からの打診でした。

ほどなくして光星は、関西圏を中心とした県外から選手を集めるようになります。

振り返ってみれば、これが東北における野球留学の走りだったように感じます。選手集めには思っている以上に人脈が必要です。それを考えれば、仲井監督と金沢前監督が多少なりとも伊藤監督に頼ったのは想像に難くありません。

しかし、いい選手を集めて強くなったものの最初は周りから叩《たた》かれたそうです。

これは青森に限ったことではありませんが、高校野球界には地元の公立校を贔屓《ひいき》するという風潮がいまも根強く残っています。

三沢も県立ですし、夏の甲子園に5回出場している弘前実も県立です。そんな中で、私立の、しかも後発とも呼べるチームが県外から選手を連れてきて強くなったとして、地元の人が応援してくれるようになるかといえばなかなか難しいわけです。

おそらく、仲井監督もそれはわかっていたはずです。

ただ、当時は他に方法がなかったのでしょう。いわば苦肉の策です。

その証拠に、光星はこの後県内出身者の部員を増やしていっています。チームが強くなれば、光星で野球がしたいと思う地元の子も出てきます。そうした選手を入部させながら、一方では県外出身者を減らしてバランスを取ろうとしているようです。

こうして光星は少しずつ地元青森の人々に受け入れられるようになっていきました。

そして3季連続甲子園準優勝という結果が出た今日、その人気は関西でもうなぎのぼりのようです。

実績もなにもないスタート当初は、大阪から選手を連れてくるといっても一流どころではなかったようですが、最近では大阪桐蔭でレギュラーになれるかどうかわからないのなら、光星でレギュラーを取って甲子園に行きたいということで一流どころが青森を目指すようになっているそうです。

光星は巨人で活躍する坂本勇人《はやと》選手をはじめたくさんのプロ選手を生んでいますし、プロを目指す選手にとって光星に行くことは、夢を叶《かな》えるための現実的な選択肢となっているわけです。

122対0という試合があった

さて、青森については最後に高校野球史上公式戦における最多得点差試合をご紹介しましょう。

それは98年夏の県予選2回戦、東奥義塾《とうおうぎじゅく》と深浦（現・木造《きづくり》高深浦校舎）の一戦でした。東奥義塾はそれまで夏の甲子園に4度出ている古豪です。それに対し深浦は部員が10人しかいない無名の公立校でした。力の差は歴然です。

実際、東奥義塾は試合開始から打ちに打ちまくり、初回だけで39点を叩き出します。その後も2桁得点を重ねて最終的には7回コールドで試合は終了するわけですが、実は5回終了時点で深浦の監督がこのまま試合を続けるかどうかを選手に尋ねているのです。

5回を終えてのスコアは0対93でした。なにをどう考えても勝利の見込みはありません。しかし、選手たちは試合を続けることを選んだのです。

理由は不戦敗を避けるためでした。勝敗を公式記録として残すためにはコールドであっても7回まで続けなければなりません。もし、5回の時点で試合を放棄してしまえば公式記録は不戦敗となってしまうのです。

彼らには勝敗以上に大事なものがあったのです。それは自分たちが高校時代に確かに野球をしていたということ。

なにがどう転んでも力の差がひっくり返らないことは誰よりも彼ら自身が一番よくわかっていたでしょう。それでも、たとえ歴史的な敗戦になったとしても彼らは自分たちが高校野球をしていたという証《あかし》を残したかったのです。

そしてこの話には続きがあります。

5回を終えて93点のリード。普通なら東奥義塾はここで手を抜いてもいいはずですが、彼らはその後も一切手を抜かなかったのです。

勝敗はすでに決しているとはいえ、それでも試合を続けるといった深浦に対し、ここで手を抜いてしまうというのは失礼に当たると東奥義塾は考えたのです。

122対0。

結果だけを見れば高校野球の意義を問われそうな試合も、この試合以上に高校で野球をする意味を語り掛けてくれる試合はないと思うのは僕だけでしょうか。

東奥義塾と深浦のこの試合については関連書籍も出ていますので、さらに詳しく知りたい方はそちらをお読みいただければと思います。

県内出身にこだわる花巻東

青森から始まった野球留学の流れはその後、東北に広がっていきます。

もちろん、青森の隣にある岩手も例外ではありません。専大北上《きたかみ》をはじめ県外から選手を呼ぶところが増えていきました。

しかしそんな中、この流れに背を向けた学校があります。それが春夏通算10回出場の花巻東です。

花巻東は公立校のような名前ですが私立校です。それなりにお金もあるでしょうし、やろうと思えば選手を他県から呼ぶこともできたはずですが、いまもなお地元出身選手にこだわったチームづくりをしています。

現在、花巻東を率いているのは佐々木洋《ひろし》監督です。就任したのは02年、27歳という若さでした。しかし、そこからわずか十数年で8回甲子園に出ているのですから並みの監督ではありません。

その佐々木監督は国士舘大学を卒業後、指導者となるべく横浜隼人《はやと》（神奈川）の水谷哲也監督の下でコーチ業に励んでいます。つまり、佐々木監督にとって水谷監督は指導者としての恩師であるわけです。そして、花巻東から声がかかったという経緯がありました。

そして09年、佐々木監督は就任後3度目の夏の甲子園に臨むことになりました。

春の選抜にも出場しているので通算4度目の甲子園です。エース菊池雄星投手（埼玉西武ライオンズ）を擁した花巻東は優勝候補と目されていました。

そしてこのとき2回戦で対戦したのが、水谷監督率いる横浜隼人だったのです。

なんという巡り合わせでしょうか。

激戦区の神奈川において、横浜隼人が甲子園に出たのは後にも先にもこの1回しかありません。そしてその1回に合わせたように師弟対決が実現したのです。

しかも、甲子園での実績だけを見れば水谷監督より佐々木監督の方が上です。

実際、試合前の記者会見では、佐々木監督が「恩師と甲子園で対戦できるのは夢のよう」と殊勝な言葉を口にする一方で、水谷監督は教え子を「大監督」と持ち上げています。

試合は大方の予想通り、4対1で花巻東に軍配が上がりました。花巻東はこの後順調に勝ち進んでベスト4となりますが、佐々木監督にとって恩師との対戦は一生忘れられない試合となったでしょう。

岩手が生んだ大谷という逸材

花巻東は佐々木監督就任後、甲子園常連校になったわけですが、それでも菊池投手が出てくるまでは正直あまりぱっとしない学校でした。

それまでの岩手県勢の躍進といえば、84年に初出場の大船渡が選抜でベスト4になり、「大船渡旋風」を巻き起こしたのが唯一だったといえるでしょう。

そして10年、その菊池投手に憧れた一人の選手が花巻東に入学してきます。

現在、北海道日本ハムファイターズでプレーする大谷翔平投手です。

大谷投手も岩手県の出身です。父親が岩手県出身で社会人野球の三菱重工横浜（現・三菱日立パワーシステムズ横浜）でプレーしていたときは横浜にいたのですが、結婚後岩手に戻った後、大谷選手が生まれました。

１６０キロ超のピッチングだけでなく、打撃にも非凡なものをみせる大谷投手は、野球選手としても非常に恵まれた体格をしています。身長は１９３センチもあります。

身長は遺伝の要素が大きいといわれますが、本当にそうなのでしょうか。確かに大谷投手は父親が元社会人野球の選手で、母親も元バドミントン選手というスポーツ一家に育っています。

しかし、実は花巻東には大谷投手の下の代にも190センチを超える選手が結構いたりするのです。

それを考えると僕は、大谷投手が特別なのではなく、岩手という風土にこそ育みの力があるように感じてなりません。

これは岩手に限ったことではありません。東北全体にいえると思うんです。

それでも東北勢は甲子園の優勝旗を持ち帰ったことがありません。

戦績だけを見れば他の地方の後塵《こうじん》を拝しているわけですが、それは素材がいないわけではなく、それを育て上げる指導者がいなかったからなのではないかと思うのです。

最近は東北から時代を代表するような選手も出てきていますし、過去にも東京六大学やプロで活躍した選手が多くいます。ただ、彼らが引退後、指導者として地元に戻ってくるかといえば、職業として教師を選び野球部の監督になるという人以外はいなかったのではないでしょうか。

ただ、その流れも変わりつつあります。

佐々木監督のように、花巻東の、ひいては岩手の野球を強くしたいという思いを持つ人がもっと増えたなら、東北の野球のレベルはもっと上がっていくのではないでしょうか。

それができるだけの素材が東北にはたくさんいると僕は思っています。

東北と仙台育英、育てたのは同じ名将

宮城は現在、東北と仙台育英の2強が牽引《けんいん》しています。

こうした構図は他の都道府県でも見られるもので珍しくはないのですが、両校の戦績と監督の関係を見ると面白いことがわかります。

68年、東北の監督に就任したのは竹田利秋さんでした。

竹田監督は和歌山県出身。和歌山工で甲子園に出場し、大学卒業後は銀行に勤めていたのですがわずか1年でやめ、コーチを経て68年に東北の監督に就任しました。

この年、東北は7年ぶりに夏の甲子園に出場しています。

以来、85年に退任するまで春夏合わせて17回甲子園に出場しました。72年選抜ではベスト4、85年夏には「大魔神」こと佐々木主浩《かづひろ》投手を擁してベスト8に進んでいます。

ところが、退任して和歌山に帰郷しようとしていた矢先、当時の山本壮一郎県知事の鶴の一声で、県内のライバル校である仙台育英の監督に就任します。これが85年のことでした。

そして竹田監督は仙台育英でも手腕を発揮します。

95年末に退任するまでの10年間で、春夏通算10回の甲子園出場。89年夏の甲子園では、後に福岡ダイエーホークス（現・福岡ソフトバンクホークス）で活躍する大越《おおこし》基《もとい》投手を擁して準優勝を果たしたのです。

そして96年以降は国学院大学で監督をされています。

つまり、いまや宮城を代表する2強である東北と仙台育英の両方の今日《こんにち》の姿に、竹田監督は深く関わっているのです。

ところが話はこれで終わりではありません。

ここまででも十分面白い話なのですが、話にはまだ続きがあるんです。

96年、竹田監督の後を継ぎ、仙台育英の監督になったのは現在も指揮を執る佐々木順一朗監督です。佐々木監督は93年から同校のコーチをしているのですが、竹田監督の東北時代の教え子でもあります。東北ではエースとして2度甲子園のマウンドを踏みました。

一方、東北では93年に若生正廣《わこうまさひろ》監督が就任しています。

若生監督も東北OB。そして佐々木監督は9つ下の後輩になります。

いかがでしょうか、不思議な縁《えにし》にゾクゾクしてきませんか。

96年に佐々木監督が仙台育英の監督になったことで、宮城の両雄の監督がともに竹田監督の下で野球をした東北OBということになったわけです。

当然、その後も2校は相譲らず激戦を繰り広げることになります。

その結果、01年選抜で仙台育英が、03年夏の甲子園で東北が、15年夏の甲子園では仙台育英が、いずれも準優勝をするのです。

これまで宮城県勢による全国制覇はありません。

最高位は準優勝ですが、その4回のすべての根には「竹田監督」と「東北高校」があるのです。ちなみに、宮城では現在この2強を突き崩すべく、東陵《とうりょう》、利府《りふ》、聖和学園といったところが力をつけてきています。

「小さな大投手」は監督としてもすごかった

福島県勢も他の東北勢と同様、いまだ春夏通じて甲子園での優勝がありません。県勢最高位は71年に磐城高校が夏の大会で記録した準優勝。そして、福島が一番盛り上がったのはこのときでした。

チームを引っ張ったのは「小さな大投手」と呼ばれた田村隆寿《たかとし》投手でした。田村投手は2年の夏にも甲子園に出ていますがこのときはキャッチャーでした。しかし、秋に投手に転向。春まではあまり勝てずにいましたが、習得したシンカーを武器に再び甲子園に舞い戻ってきました。

「小さな大投手」といわれたように田村投手は165センチほどしかない小柄な選手です。しかし、サイドスローから繰り出すシンカーを武器にあれよあれよと勝ち進み、決勝の舞台に駒を進めました。

決勝の相手は、このときが初出場の桐蔭学園（神奈川）でした。しかし、7回に失った1点に泣き、優勝旗を福島に持ち帰ることはできませんでした。ちなみにこのときの桐蔭学園は初出場で初優勝を成し遂げています。そして、このときのキャプテンが後に高橋由伸《よしのぶ》（現・巨人軍監督）を育てた土屋恵三郎監督（現・星槎《せいさ》国際湘南監督）です。

その後田村投手は、77年に同じ県内の安積《あさか》商（現・帝京安積）の監督に就任すると、83年には母校の磐城で監督となります。どちらも甲子園に導くと、88年からはやはり同じ福島県内にある聖光学院の監督に就任しました。

ただ、80〜90年代の福島県は学法石川、郡山《こおりやま》、日大東北なども力をつけてきており、聖光学院はなかなか結果を出すことができませんでした。

ちなみに、郡山といえば、実は奈良にも郡山という同名の高校があり、夏の大会でニアミスを起こしています。福島の郡山が92年大会に出た翌年に奈良の郡山が出場したのです。

地元の人ならいざしらず、他の人にとっては「あれ？　郡山って福島じゃないの？」

と思ってしまうところですね。福島の郡山はこのとき1回のみの出場に対して、奈良の郡山はそれまで春夏合わせて12回甲子園に出ています。その意味では奈良の郡山が先輩なわけですが、いかんせんその前に出たのが82年の選抜と10年以上経《た》っていました。

これでは「福島の?」といわれてしまっても仕方ありません。ちなみにどちらも通称は「ぐんこう」ですが、紛らわしいので奈良の郡山は「やまとぐんこう」「やまとこおりやま」と呼ばれています。学校が大和郡山市にあるからです。福島では他にも学法石川が「ガクセキ」と呼ばれています。

さて、聖光学院に話を戻しましょう。

99年に斉藤智也部長が監督になると聖光学院は01年夏に初めて甲子園に出場します。斉藤監督は、田村監督が聖光学院の監督をしていたときの部長でした。

そこからは破竹の勢いです。

夏に関していえば、その後代表の座を明け渡したのは02、03年の日大東北と06年の光南の計3回しかなく、07年から15年までは9年連続出場を果たしています。

これは智弁和歌山の8年連続(05〜12年)を破る戦後最長の記録です。

第四章

明日から使える
高校野球うんちく

滋賀の偉大過ぎる親子三代

まずは甲子園にまつわる滋賀県のある一家の物語から始めたいと思います。

滋賀県勢として多くの方がすぐに名前を思い浮かべるのは、春4回、夏11回甲子園に出場し、２００１年夏に準優勝した近江《おうみ》ではないでしょうか。

これは現在までの滋賀県勢の最高記録であると同時に、決勝に駒を進めたのも春夏通じてこのときしかありません。

優勝経験がない滋賀県は、他の関西勢と比較するとどうしても見劣りしてしまいがちですが、不思議とその時代時代においてかなり近代的な野球をしている印象があります。

たとえば、投手陣の先発・中継ぎ・抑えという役割分担も早くから着手していて、他に同様のことをしているのは拓大紅陵《こうりょう》（千葉）くらいでしょうか。ただ、どちらの高校もまだ頂点には届いていません。

近江の前に滋賀県が燃えたのは、１９８５年夏の甲子園でした。

このときの代表校、甲西《こうせい》は甲子園初出場でしたがベスト4に進出しています。準決勝では3年生になったKKコンビがいるPL学園（大阪）の前に完膚なきまでに叩《たた》きのめされますが、準々決勝では後に大魔神と呼ばれることになる佐々木主浩《かづひろ》投手を擁する東北（宮城）に逆転サヨナラ勝ちを収めるなど「甲西旋風」を巻き起こしました。

選手はもとより、奥村源太郎監督の存在もまた甲西が愛されたひとつの理由でした。奥村監督は大会期間中、ゲン担ぎでひげを剃《そ》らずにいたのですが、その姿がまた愛《あい》嬌《きょう》たっぷりで「ヒゲの源さん」と親しまれたのです。

奥村監督が、新設されたばかりの甲西に赴任して野球部の監督になったのは83年のことでした。

開校当初はグラウンドもまだ工事中で、学生とともにアルバイトをして道具を買い揃《そろ》えるところから始めたというのだから驚きです。初めての夏の予選は1回戦敗退、2年目は2回戦敗退。しかし、第1期生が3年になった3年目に名門・八幡《はちまん》商を破って甲子園行きを決めたというのですからすごい話です。

そしてこのときのチームのキャプテンだったのが奥村伸一選手でした。

仲一選手はその後、社会人野球のプリンスホテルを経て監督として母校に戻ってきますが、父親は元国会議員の奥村展三《てんぞう》さんです。衆参合わせて当選4回。民主党（当時）の野田内閣では文部科学副大臣を務めました。とはいえ、展三さんは政治家になる前は、実は甲賀（現・水口《みなくち》）野球部の監督として、68年の選抜に出場しています。

そして仲一さんの息子、つまり展三さんの孫にあたるのが、現在東京ヤクルトスワローズに在籍する奥村展征《のぶゆき》選手です。

奥村展征選手は高校では故郷の滋賀を離れて日大山形に進んでいます。理由は日大山形の荒木準也監督が父・仲一さんとプリンスホテル時代の同僚だったからだそうですが、展征選手は3年になるとキャプテンとして日大山形を引っ張り、13年夏の甲子園で山形県勢最高位となるベスト4に進出しました。

祖父・展三さんは元高校野球監督として甲子園にも出場した元政治家、父・仲一さんとその息子の展征さんは親子2代で甲子園ベスト4に入っている……。なんともすごい一家が滋賀にはいるものです。

開会式でプラカードをもっているのは誰？

スポーツの大会では開会式がひとつの見どころですが、甲子園もその例にもれません。

憧れの舞台に、強い気持ちをもって一糸乱れぬ行進で入場してくる選手たちの表情はいつ見ても晴れ晴れとしています。

そして、そんな彼らの前には、学校名が書かれたプラカードをもった女子生徒がいるのですが、夏の甲子園でこのプラカードをもっているのは、甲子園のある西宮市の市立西宮高校の女子生徒なのです。

これはきちんと決められていることです。

しかもオーディションがあって、応募できるのは2年生のみ。オーディションをしているのはたぶん応募者が多いからなのだと思いますが、中には甲子園でプラカードをもちたいからという理由で進学してくる子もいたりするのでしょうね。野球をするだけではない、こんな甲子園への参加方法もあるんだなと思わせられます。

また、甲子園といえば各校の華やかな応援も名物のひとつですが、沖縄県勢のブラスバンドは毎年市立尼崎高校（兵庫）の吹奏楽部が担当しています。

始めたのは羽地《はねじ》靖隆さんです。

羽地さんは沖縄県出身。中学2年のときに尼崎へ引っ越してきて教員になり、中学校で吹奏楽部の顧問をしていたのですが、81年に沖縄県人会から応援の依頼をされました。

沖縄から甲子園までは応援に行くだけでも一苦労です。ましてや楽器の運搬は困難というのがその理由でした。

羽地さんはこの申し出を快諾しました。羽地さんにとって沖縄は中学2年まで過ごした大事な故郷です。そして97年に市立尼崎に移った後もこれを続けているというわけです。

羽地さんは09年に定年退職されていますが、現在も顧問として部員を率いて甲子園に行っています。

市立尼崎は83年の夏に一度甲子園に出ていますが、それ以降の出場はありません。

もし、市立尼崎が甲子園に出場し、沖縄県勢と対戦することになったら……。吹奏楽部は忙しくなるのでしょうが、いつかそんな日が来てくれたらいいなと思っています。

南こうせつ作曲の校歌がある

高校野球では試合後に勝利校の校歌が流れます。

これもまたプロ野球にはない、高校野球ならではの魅力でしょう。

でも、校歌が流れるのは甲子園だけではありません。代表を決める各都道府県大会でも試合後は勝利校の校歌斉唱があります。

球場で歌う校歌は、いつもと同じ校歌なのにまったく違ったものになります。体育館で歌うときは早く終わらないかなと声もほとんど出さないのに、このときだけは誇らしく、大きな声でいつまでも歌っていたいと思うのです。

僕自身は甲子園で校歌を歌ったことはありませんが、地方大会でさえそう思うのですから、全国中継された満員のスタンドの中でということになれば、それこそ一生忘れることはできないでしょう。

ところで、日本で一番有名な校歌といえば、やっぱりＰＬ学園でしょう。ある時期まではほとんど甲子園のＢＧＭといってもいいくらいでした。「ああ～ＰＬ～、ＰＬ～、永遠《とわ》の学園～」。自分の母校でもないのに、この校歌を口ずさんだ球児は僕を含めて日本全国に相当いたと思います。

さて、そんな甲子園を彩ってきた校歌ですが、最近は以前なら考えられなかったような校歌があったりします。時代の流れといえばそうなのでしょうが、僕みたいな前時代の球児としてはシュールな面白さを感じずにはいられません。

至学館《しがくかん》は激戦の愛知でもなかなかの強豪ですが、Ｊ‐ＰＯＰ調の校歌でも全国的に有名です。

至学館は11年の夏に甲子園初出場を果たしています。

このときの至学館は、前年のチームのエースが卒業前に交通事故で亡くなっており、彼のためにもという思いが強くあったところでの初出場となったわけですが、県予選を勝ち進む中で校歌が注目されるようになりました。

県大会もベスト8くらいになると地元のテレビ中継が入るようになります。試合後に流れる校歌を耳にして「これは一体なんなんだ」となったわけです。

一般的に校歌といえば「厳かな」とか「厳粛な」といった感じがあるものですよね。でも、至学館の校歌にはそんなものはまるでありません。ユーチューブにも映像があるのでご興味のある方はそれを聴いていただくのが手っ取り早いと思いますが、とにかくポップで、泥や汗、涙といったものとは無縁なのです。

タイトルは「夢追人（ゆめおいびと）」。

歌詞には「至学館」という校名は一度も登場せず、代わりに「カシオペア」や「オリンポス」といった言葉が出てきます。

そもそもこの歌自体が校歌としてつくられたものではありません。

作詞作曲したのは飯尾歩さんという方。調べてみると中日新聞に勤めていて、アマチュアで音楽活動をされているようです。飯尾さんが取材を通じて親交のあった女子レスリングの伊調《いちょう》千春選手がアテネ五輪の決勝で負けた際に、元気づけようとしてつくったものだそうです。

伊調選手は至学館大学の出身。そこでなんらかの関係があったのでしょう。学校が共学になるということで新しい校歌を探していた当時の理事長の目に留《と》まり、晴れて至学館の校歌になったというわけです。

至学館ほどではないですが、健大高崎（群馬）の校歌もなかなか個性的です。メロディーは普通なのですが、歌詞が「Be　together」から始まるのです。思わず「鈴木亜美か！」とツッコミたくなりますね。

また、校歌の中には有名人がつくったものも少なくありませんが、明豊《めいほう》（大分）の校歌は、なんとあの南こうせつさんが作曲しています。

ちなみに作詞は奥さんの南育代さん。甲子園で流れる校歌はバリトンの効いた男性の声に吹き替えられることが多いのですが、明豊の校歌については南こうせつさん自身の声が流れます。

ご興味のある方はぜひ聞いてみてくださいね。

73回も甲子園に出場している高校

京都は戦前から野球が盛んなところです。

これまで春夏通算6回の優勝、11回の準優勝を数えますが、それを引っ張ってきたのは平安（現・龍谷大平安）です。春夏合わせて甲子園に出場すること73回。これはもちろん全国最多記録であり、春夏合わせて4回優勝しています。

平安は08年に龍谷大平安になっていますが、12年秋に完成した「龍谷大平安ボールパーク」は日本有数の施設です。

百聞は一見にしかずなので、ネットなどで写真を見てもらえばよくわかりますが、練習グラウンドは球場と見まがうほど立派です。これに比肩するのは神奈川の桐蔭《とういん》学園か静岡の静清《せいせい》くらいしか思い当たりません。

そして、その効果もあってか、龍谷大平安は14年の選抜で優勝を果たしています。

現在、龍谷大平安を率いているのは原田英彦監督です。

原田監督は子どもの頃から平安の大ファンだったそうです。当然、高校は平安に進学しますが、高校時代は甲子園に出場していません。

その後社会人野球に進み、93年に母校の監督に就任。平安はここでまた一段と強くなりました。以来、春夏通算16度甲子園に出場しています。

原田監督率いる龍谷大平安の特長は、いい左ピッチャーがいるということですね。97年夏に準優勝したチームには、オリックス・ブルーウェーブ（現・バッファローズ）にドラフト1位で入団した川口知哉《ともや》投手がいましたが、彼は左の剛腕投手でした。14年の選抜優勝チームにもいい左ピッチャーが2人いましたし、16年選抜でベスト4になったチームにもいい左ピッチャーがいます。龍谷大平安を見るときはぜひ注目してみてくださいね。

また、原田監督は御年56歳ながら引き締まったすばらしい肉体をもつ監督としても知られています。

それもそのはず、趣味がウェートトレーニングだそうですが、実は原田監督は現役時代にウェートのやり過ぎで怪我《けが》をしています。

ということで、選手には一切ウェートトレーニングをさせないようですが、自分だけは肉体美を極めるためにウェートをやっているという変わった一面をもっています。

ちなみに京都は現在、この龍谷大平安を飲み込もうとせんばかりに2番手グループがかなり力をつけてきています。しかもその数が少なくありません。京都すばる、京都翔英、鳥羽、京都成章、福知山成美、塔南《とうなん》……。龍谷大平安がつまずいたとき、一気にどこが出てくるかわからない戦国時代に突入してしまうというのが、いまの京都です。

高校野球界を席巻する東海大付属と日大付属

大学との関係性を考えてみるのも、高校野球を楽しむひとつの方法です。中でも東海大学系列は甲子園での存在が際立っています。

東海大付属校は現在全国で14校。このうち硬式野球部があるのは東海大望星《ぼうせい》（東京）を除いた13校ですが、春夏2回ずつ全国制覇をしている東海大相模《さがみ》（神奈川）、優勝こそまだないものの春夏通算18回出場の東海大甲府（山梨）が両巨頭といえるでしょう。

他も見てみましょう。

東海大札幌（旧四高・北海道）、春夏通算11回出場で15年の選抜で準優勝。

東海大山形（山形）、春夏通算9回出場。

東海大仰星《ぎょうせい》（大阪）、選抜に96年、00年の2度出場。

東海大菅生《すがお》（東京）、春夏通算5回出場。

東海大市原望洋《ぼうよう》（千葉）、10年選抜と14年夏に出場。

東海大浦安（千葉）、春夏通算3回出場し、00年夏は準優勝。

東海大諏訪《すわ》（旧三高・長野）、春夏通算4回出場。

東海大静岡翔洋《しょうよう》（旧一高と旧大工が合併・静岡）、春夏通算9回出場。

東海大福岡（旧五高・福岡）、85年の選抜に出場。

東海大熊本星翔《せいしょう》（旧二高・熊本）、83年夏に出場し、1回戦で東海大一と対戦。東海大付属同士の戦いとなり、1対13で敗退。


いかがでしょうか。こうして見てみると甲子園出場がないのは東京にある東海大高輪台《たかなわだい》だけで、全国13校のうち実に12校までは一度は甲子園に出ているのです。

東海大とくれば、次はやはり日本大学でしょう。

こちらも甲子園では東海大に負けず劣らずの存在感を放っています。

日大系列の筆頭は日大三（東京）です。甲子園初出場は春夏ともに38年。以来合わせて34回も出場しており、夏の甲子園での2度優勝（01年夏、11年夏）に加え、71年には選抜も制しています。

また、準優勝も3回（62年春・72年春・10年春）あるのですが、72年春の決勝カードは日大桜丘《さくらがおか》（東京）対日大三という日大系列同士の一戦となりました。結果は5対0で日大桜丘に軍配が上がりましたが、1回戦や2回戦ならともかく、決勝での同門対決なのですから、どちらのチームもたいしたものです。

ちなみに、都内にある日大系列はすべて甲子園に出場していますが、これもすごいことです。

しんがりを務めたのは日大豊山《ぶざん》でした。それまで系列の中で唯一甲子園出場がなかったのですが、00年の夏に出場して悲願を達成しました。

ちなみにこの日大豊山は最近力をつけてきており、15年夏も東東京大会で決勝まで進んでいます。

ところで、同じ日大付属ですが、日大三と佐野日大（栃木）ではユニフォームのデザインが異なります。通常、大学付属校はブランド戦略もあり統一したユニフォームを採用するものですがどうしてなのか。

これは日大付属に「正付属」「特別付属」「準付属」という3つの形態があることが理由のようです。日大三は特別付属ですが、佐野日大は準付属なのでデザインが異なるというわけなのです。ちなみに正付属には日大鶴ヶ丘（東京）や日大山形（山形）といった高校があります。日大付属が出場したときはぜひ見比べてみてください。

ちなみに、日大三はこと野球部に関しては、「明治大付属」なんて呼ばれてたりします。

なぜかというと卒業生の多くが明治大学に進学して野球をやっているから。とはいえ、それは付属の形態の関係ではなく指導者の個人的なつながりのようです。

意外に弱い六大学の付属

その明治大学が所属しているのが、「東京六大学野球連盟」です。

六大学野球という言葉は、あまり野球に馴染みがない人でも聞いたことがあるのではないでしょうか。現在、全日本大学野球連盟に加盟している大学野球連盟は全国に26あります。東京六大学野球連盟はその筆頭ともいうべき存在で、その名の通り、早稲田・慶応・明治・法政・立教・東大の6つの大学で構成されています。

では、それぞれの系列校をみてみましょう。国立の東大には系列高校はありません。早稲田大学は全国に6校の系列校がありますが、早稲田実（東京）以外は目立った実績を残していません。

慶応大学は慶応（神奈川）がこれまで春8回、夏17回の計25回甲子園に出場していますが、それ以外の慶応志木（埼玉）、慶応湘南藤沢（神奈川）は甲子園の出場経験がありません。慶応は49年に東京から神奈川に移転するまで、早稲田実とともに東京を牽引《けんいん》していました。

明治大学の付属には明大明治、明大中野、それから中野なのか八王子なのかよくわからない明大中野八王子がありますが、東海大系・日大系に比べると見劣りしてしまいます。

法政大学は、いまとなっては付属の名前を甲子園で聞くことはほとんどありませんが、80年代にPL学園が出てくるまで、高校野球を引っ張っていたのは法政二（神奈川）でした。最近では、法政（旧・法政一・東京）が14年の秋季大会でベスト4になるなど、着実に力をつけてきています。

立教大学は立教（現・立教新座《にいざ》／埼玉）が55年の選抜と85年の夏に甲子園に出場しています。立教は60年に東京から埼玉に移転していますが、85年は埼玉における初の私立校による夏の甲子園出場でした。

次は東都大学野球連盟にいきましょう。東都大学野球連盟の創設は31年と、六大学の1925年（第1回の早慶戦は1903年、前身となる早慶明によるリーグ戦は1914年にスタート）より若干遅れますが、これまで数多くのプロ野球選手を輩出しており、六大学野球連盟とともに大学野球を引っ張る存在です。現在の加盟は21校で、日大も加盟しています（東海大は首都大学野球連盟に加盟）。

専修大学付属は、春1回、夏に5回甲子園に出た専大北上《きたかみ》（岩手）が長らく引っ張ってきましたが、専大玉名（熊本）が11年に、専大松戸（千葉）が15年にそれぞれ夏の甲子園に出場するなど着実に力をつけてきています。

駒沢大学は、13年度をもって春8回、夏4回出場の駒大岩見沢（北北海道）が閉校してしまったので、現在は駒大高校（東京）と駒大苫小牧《とまこまい》（南北海道）の2校のみです。駒大苫小牧は皆さんご存じの全国的な強豪ですが、東京の駒大高校も99年選抜に出場しています。ちなみに、07年の夏には駒大岩見沢と駒大苫小牧が北北海道と南北海道をそれぞれ制し、北海道代表としてアベック出場を果たしています。

拓殖大学は拓大一（東京）が94年の選抜に出場しています。また、拓大は千葉の木更津に系属校として志学館《しがくかん》と拓大紅陵《こうりょう》を兄弟校としてもっており（運営は別学校法人）、拓大紅陵が春夏通算9回、志学館も94年に夏の甲子園に出場しています。

東京農業大学は第一が東京に、第二が群馬に、第三が埼玉にと3校の付属がありますが、これまで東農大第二が春3回、夏5回甲子園に出場しています。

また、少子化ということもあってか、大学が強豪校を付属に組み込むというパターンも最近よく聞きます。

京都の名門・平安は、08年に名称を龍谷大学付属平安と変更しました。当時は大学との連携という位置づけだったようですが、15年4月より経営する学校法人が平安学園から龍谷大学に移っており、いまは名実ともに龍谷大学の付属となっています。

同じ京都にある宇治は94年に立命館宇治になっています。79年と82年の2度、夏の甲子園に出場しています。

春夏通算14回の出場を誇り、70年の選抜で準優勝もしている大阪の北陽は08年に関西大学北陽となりました。これを機に男子校から共学になりましたが、残念ながら最後の甲子園は07年の選抜で、それ以後は予選を突破できていません。

そして、付属化の逆パターンというのもあります。

実は強豪・大阪桐蔭は、83年に大阪産業大学高校大東校舎として開校しています。しかし、卒業生や保護者などから独立を求める声が上がり、88年に独立して大阪桐蔭となりました。そして、この年に野球部が創部。91年春に初出場でベスト8に進出すると夏は初出場で初優勝を飾りました。そこからは、これまで春夏通算5度の全国制覇。12年には史上7校目となる春夏連覇を達成しています。

二松学舎の呪い

大学付属といえば、東京の二松学舎《にしょうがくしゃ》大付属には知る人ぞ知る因縁がありました。

二松学舎大付属はそれまで春の選抜に4回出場した都内の強豪です。しかし、こと夏の甲子園出場については、あと一歩がなかなか届かない状態が続いていました。

最終的に二松学舎大付属は14年夏に甲子園に出場するわけですが、なんとそれまで10回連続で都大会の決勝で負けていたのです。

1回、2回、そして3回、4回……。

それぞれの試合は完全に独立していますし、こうして数えられるものでないことはわかるのですが、それでも負けがここまで続けばなんらかの別の力が働いているのではないかと思ってしまうものです。

実際、メディアでは二松学舎大付属が決勝で負けるたびに「呪い」という言葉が使われるようになりました。

そして、この「呪い」を14年に解いたのは2人の1年生でした。

3点を追う7回に今村大輝捕手が3ランを放つと、投げては6回途中から登板した大江竜聖《りゅうせい》投手が1失点に抑え、延長10回の末に帝京を振り切ったのです。

こうして二松学舎大付属は71年に初めて決勝に進出して以来の悲願を達成するわけですが、「呪い」の影響を一番受けていないであろう1年生の活躍がその呪縛を解いたというのはなんとも象徴的なお話ですよね。

強い球児はどこからやってくるのか？

当たり前のことですが、甲子園に出てくるようなレベルの選手は、高校で野球を始めたわけではありません。小学校世代から、あるいはその前からという子もいるでしょう。

いずれにしてもほぼ全員が小・中学と野球をしてきて高校野球に入ってきます。ということで、高校野球においてはその直前となる中学世代がどうだったかということが非常に大事になります。

もちろん、上原浩治投手のように大学まで無名ながら、日本のプロ野球を経て大リーグまで上り詰めるということがないわけではありません。高校時代に伸びて大学や社会人を経てプロになる人もいるでしょう。

しかし、それはあくまで例外であり、実際には中学世代に秀でた結果を残した選手が甲子園で活躍することのほうが圧倒的に多いのです。

それは指導者も、当然わかっていることです。だからこそ、いい中学生がいれば実際に見に出掛け、これはと思う選手を日本全国から集めてもくるのです。

そうしたやり方に賛否はあるでしょう。指導者の中にもこうしたやり方に賛成の人もいれば、地元出身ということにこだわっている人もいます。

ただ、ここではその賛否を論じるつもりはありません。

ここでは、注目されているとはお世辞にもいえない中学世代にもう少し目を向けてみるともっと高校野球を楽しめますよというスタンスで、この２つの関係をご紹介したいと思います。

さて、中学世代の野球を知るためには、まずその組織がどうなっているのかを知る必要があります。まず、中学世代では学校の部活動としての硬式野球部というのはほとんどなく、軟式野球部が圧倒的多数です。

よって、中学世代で硬式野球をするためには地域のクラブチームに入る必要があるのですが、実は中学世代の硬式野球の団体は全国に5つあり、それぞれがリーグ戦や全国大会を主催しているのです。

つまり、ある年の全国大会優勝チームというのは、組織の数だけあるということで5チームあるわけです。

この5つの組織の中で、老舗といわれているのがリトルシニアリーグとボーイズリーグです。ここにさらにポニーリーグ、フレッシュリーグ、ヤングリーグという組織が加わって5つになります。

ただ、各組織に上下はないもののその盛り上がり方は、歴史的なものも含めて地域によってばらつきがあります。

たとえば大阪ではボーイズが盛んですが、千葉や沖縄の一部ではポニーのほうが盛んだったりします。老舗の2つで分ければ、東日本はリトルシニア、西日本はボーイズといった感じでしょうか。

いかがでしょう。5つの組織があるということを含めて、最初はなかなかとっつきづらい中学野球ですが、出身を知ると意外なライバル関係や高校とクラブチームのつながりなんかがよくわかって面白いですよ。

ちなみに、先に中学世代では5つの全国大会優勝チームが生まれるといいましたが、いまはきちんと白黒をつける場所があります。

94年に始まった「全日本中学野球選手権大会ジャイアンツカップ」というのがそれで、各組織を勝ち抜いたチームが一堂に会し、その世代での日本一を決めています。

湘南ボーイズが「相模ボーイズ」と呼ばれる理由

それではここからはもう少し中学世代のクラブチームと高校の関係を細かく見ていきましょう。

まずは全国的な強豪である、湘南ボーイズからです。

ここはもはや「相模ボーイズ」といっても過言ではないチームです。

相模とはもちろん同じ神奈川県内にある東海大相模のこと。指導陣には東海大相模

OBがずらりと顔を並べています。

湘南ボーイズはこれまで、それこそ数え切れないほど数多くのプロ選手を輩出してきました。そのぶん選手層も厚いのですが、いわゆる1軍のAチームのほかに、Bチームとして湘南茅ヶ崎ボーイズという名でAチームと同じ大会に出ていたりします。湘南ボーイズで見出《みいだ》された選手は、東海大相模か東海大甲府に進学するケースが多いようです。

ドラフト1位で16年に中日ドラゴンズに入団した小笠原慎之介投手は東海大相模、12年に同じくドラフト1位で中日に入団した高橋周平選手は東海大甲府の出身ですが、2人とも湘南ボーイズの出身です。

それにしても高校は違うとはいえ、湘南ボーイズ出身の2人がともにドラフト1位で同じ中日に入団というのは単なる偶然なのでしょうか。

そんな妄想を膨らませるのも高校野球の楽しみのひとつです。

エリートではなかった松坂大輔

高校野球では越境入学がよく取り沙汰されますが、中学クラブチームについては「地域内」で高校と結びついているところが少なくありません。

たとえば、全国的に見ても強豪である神奈川の中本牧《なかほんもく》リトルシニアからは横浜に進学する選手が多いですし、大阪のボーイズのトップ選手は地元のPL学園や奈良の天理、京都の龍谷大平安に行く例が多数ありました。栃木の佐野リトルシニアからも、地元の佐野日大に行く選手が多くいます。

とはいえ、もちろんクラブチームから越境する選手も少なくありません。

松坂大輔投手もその一人でした。

松坂投手はもともと東京の江戸川南リトルシニアでプレーしていました。ただ、当時はそれほど注目される選手ではなかったそうです。全日本には選ばれていましたが候補という感じの存在で、後に入学する横浜の小倉清一郎《きよいちろう》部長にしても、どうしても松坂投手に入ってほしいという感じではなかったそうです。

ところが、同じ年代の小山良男選手（中本牧リトルシニア。その後中日でプレー）、後藤武敏選手（浜松リトルシニア。現在横浜ＤｅＮＡベイスターズでプレー）といった、当時松坂投手より注目されていた選手がこぞって横浜に行くということで、だったら俺もとなったそうなんです。

いやはや人生とはわからないものですね。

その後の活躍はここで改めて述べるまでもありませんが、もしこのときの決断がなければ、いまの松坂大輔投手はいなかったかもしれません。

サニブラウンに勝った中学生

さて、先に佐野日大が出てきましたが、ここには驚くべき選手がいます。

本書の執筆時、高校3年生となった五十幡《いそばた》亮汰《りょうた》選手です。

彼の何がすごいのかといえば、なんと中学時代に陸上界の新星、あのサニブラウン・アブデル・ハキーム選手（現・城西大城西高校）に勝っているのです。

五十幡選手は東京神宮リトルシニアに所属し、U-15日本代表に選出される一方で中学の陸上部にも所属していました。そして3年次には全国大会に出場し、100mと200mの両方でサニブラウン選手に走り勝って2冠を達成しているのです。

サニブラウン選手といえば、15年世界陸上の200mで準決勝に進出した日本陸上界の新星です。そんな選手に100m、200mのどちらでも勝ったというのですからただ者ではありません。

これに驚かずして何に驚けばいいのでしょうか。

もちろん、陸上界には惜しむ声もたくさんあったそうですが、もともと野球一本だった五十幡選手は迷いなく野球を選んだそうです。そして進学した佐野日大では1年からベンチ入りし、ドラフト候補として注目されています。

世の中にはすごい人がいるものだと、つくづく感じますよね。

離島や半島から目指す甲子園

海に囲まれた日本は、離島や半島の多い国です。

47都道府県においてはどうしても地域格差のようなものが生まれてしまいますが、

その最たる例といえるのが離島や半島です。

まず、離島や半島には大都市があまりありません。離島は四方を海に囲まれており、半島も3方向が海に面しているので他の地域からのアクセスがどうしても限られてしまいます。よって町が大きく発展することもなく、そのために人口も多くありません。

もちろん、野球留学という方法で外から選手を集めるというやり方もありますが、それができるのは資金力がある私立校のみです。そもそも公立と違って私立はビジネスとして学校運営をしています。それを考えるとよほど特殊な事情がない限り、子どもの少ない地域にわざわざ学校をつくるということはしないでしょう。

離島・半島勢がなかなか甲子園に出場できないのはこうした理由があるからです。

しかし、離島や半島にある学校がまったく甲子園に出られていないかといえば、そうではありません。

リソースが限られる中、創意工夫を加え、晴れの舞台に立った学校もあるのです。

まず、南からいえば、第一章でご紹介した沖縄の石垣島にある八重山《やえやま》商工が06年選抜に、沖縄の離島勢として初めて甲子園に出場しました。八重山商工はその年の夏の甲子園にも出場していて、そこではベスト16に入っています。

長崎の五島列島からはまだ甲子園出場校はありません。ただ、現役最多出場記録をもつ智弁和歌山の高嶋仁《ひとし》監督は五島列島の出身です。長崎には島原半島がありますが、こちらからは86年夏に島原中央が出場しています。

大分の東側にある国東《くにさき》半島からは、半島の付け根ですが、杵築《きつき》が12年夏の甲子園に初出場しています。

山口では周防《すおう》大島にある周防大島（旧・久賀《くか》）が62年選抜、99年夏の甲子園と2度出場しています。また島根では隠岐《おき》諸島から21世紀枠で隠岐が03年の選抜に出場しました。

また、瀬戸内海からは、16年の選抜に21世紀枠で小豆島《しょうどしま》（香川）が初出場しています。

石川の能登半島からは「能登半島から甲子園に」を合言葉に、09年夏の甲子園に日本航空石川が出場を果たしました。また、富山を挟んだ先にある新潟の佐渡島からは佐渡が11年の選抜に21世紀枠で出場しています。

伊豆半島のある静岡は僕の地元ですが、僕が現役でやっていたときもあまり強いイメージはありませんでした。韮山《にらやま》が春夏1回ずつ出場しており、50年の選抜で優勝もしていますが、半島といっても付け根あたりにあるので微妙なところです。その代わりといってはなんですが、伊豆半島は男女ともにバレーボールが盛んです。

では、ぐっと北上して青森県にいきましょう。

青森には津軽半島と下北半島がありますが、下北半島からの甲子園出場はまだないようです。ただ、最近は大湊《おおみなと》が力をつけてきているので、甲子園でその勇姿を見る日もそう遠くないかもしれませんね。

最後に房総半島と紀伊半島です。

この2つに関しては半島というにははばかられる大きさがあります。和歌山県は全域が紀伊半島に収まってしまいますし、紀伊半島ほどではないにせよ房総半島も広大です。ただ、そうはいっても広い房総半島の北から南まで強豪が多いというのは他にはない千葉の特徴ですが、これについては後で触れさせていただきます。

第五章

公立vs私立　仁義なき戦い

全国で唯一私立高校が出場していない徳島県

四国の高校野球は長らく公立校によって牽引《けんいん》されてきました。

四国四商《しこくよんしょう》――。四国の高校野球は、よくこんな言葉で語られます。

愛媛の松山商、徳島の徳島商、高知の高知商、香川の高松商。

これらはいずれも創立100年以上の歴史をもつ由緒ある公立校です。

台頭してきた時期は、松山商と高松商が戦前、徳島商が戦中、高知商は戦後と若干のずれはありますが、この4校によって四国の高校野球には数多くの栄光がもたらされました。

選抜ではこの4校がすべて優勝していますし、夏でも高松商が2回、松山商にいたっては5回も優勝しています。

優勝こそないものの、徳島商と高知商も1回ずつ準優勝しています。

また、松山商は1969年夏の決勝、対三沢（青森）との延長18回引き分け再試合や、96年夏の決勝、対熊本工での奇跡のバックホームと鮮烈な記憶も残しています。

ただ、全国的に見ても強豪であるこの4校が甲子園で一堂に会したのは78年夏の1回しかありません。

実はそれ以前は現在のような1県1代表ではなく、香川と愛媛による北四国から1校、高知と徳島による南四国から1校しか出場できなかったのです。

それでもこの戦歴です。1県1代表がもっと前に実現していたらどんなことになっていたか、とはやはり考えずにはいられません。

しかし、この四国四商の構図もいまはだいぶ崩れてきています。

背景には少子化や学校選択の幅が広がった、偏差値が上がって入学が難しくなったといった事情があるようですが、もっとも大きく牙城を崩されたのが香川でした。

2016年の選抜に、香川からは高松商が甲子園に出場しました。しかも秋の神宮大会の覇者としてです。決勝にまで進み、最後は惜しくも智弁学園（奈良）に一歩届きませんでしたが、それでも期待を裏切らない強さを見せてくれました。

しかし、高松商の甲子園出場は96年の夏以来、実に20年ぶりのことでした。

県内には他にも坂出商、丸亀、丸亀城西《じょうせい》といった公立の強豪校がありますが、80

年～90年代になると香川では私立校が続々と強化をするようになったのです。

尽誠《じんせい》学園、英明、寒川《さんがわ》、香川西。香川西は公立校のような名前ですが実は私立校です。

ちなみに尽誠学園は甲子園に行くと、「大阪第2代表」なんて呼ばれ方をしていました。選手のほとんどが大阪から越境入学してきていたからですが、県の地区予選でもスタンドからは「大阪代表尽誠学園」とヤジられていました。

愛媛では、前述のように創部3年にして甲子園初出場初優勝を成し遂げた私立の済《さい》美《び》が台頭してきました。新田《にった》も90年と05年の選抜に出場しています。

高知では明徳義塾とこれまた公立校のような名前の高知高校が私立2強として10年近く覇権を争っています。

だったら最後の徳島は？

ここは流れ的にも同じといいたいところですが、徳島だけは「公立優位」という伝統をまだ守り続けています。実は徳島は、これまでの歴史において私立校が甲子園に出場したことが一度もありません。

これは四国のみならず、全国47都道府県で唯一です。

「さわやかイレブン」「やまびこ打線」はなぜ生まれたか

徳島県下の私立で野球部があるのは、生光学園《せいこう》の1校しかありません。

そこそこ強くてプロ野球選手も何人か出ているのですが、甲子園出場だけはまだ果たせていません。これこそはまさに判官贔屓《ほうがんびいき》なのでしょうが、プロ顔負けの施設を整備できるだけの資金力があり、選手も県外から集めてこられる私立校は全国的に見ても敵視されやすい風潮にあります。

そしてその傾向は全国で唯一公立校しか甲子園に出ていない徳島ではことさら強いようです。

たとえば県予選で生光学園と公立校が試合するときは関係者でない人ももれなく公立校を応援するようですが、そこには誇りともいうべき県民性があるのでしょうね。

さて、そんな徳島県の歴史を語る上では、やはり池田を外すことはできません。

率いたのは、蔦《つた》文也監督です。春夏通算3度の全国制覇、2度の準優勝。

高校野球ファンであればその名を知らない人はいない名将ですね。攻撃を全面に押し出した豪快な野球は全国の強豪に恐れられました。

最初に決勝の舞台に立ったのは74年の選抜でした。

このときのチームは「さわやかイレブン」と呼ばれ、親しまれています。

結果は惜しくも準優勝でしたが、なんとこのチームには部員が11人しかいませんでした。

ベンチメンバーが2人しかいないチーム編成で決勝まで勝ち抜いてしまったのです。

そして、甲子園初優勝は82年の夏でした。

このときのチームにはのちにプロでも活躍した畠山準《ひとし》さんと水野雄仁《かつひと》さんがおり、続く83年の選抜でも池田は優勝して夏春連覇を達成しています。

高校野球には74年に金属バットが導入されています。

金属バットは木製に比べて距離が出るということで、蔦監督は80年代に入るとその特長を最大限いかすために打線を強化したようです。

そして生まれたのが、このときのチーム。「やまびこ打線」と呼ばれた打線重視のスタイルはその後の高校野球に大きな影響を与えました。

ところで、夏の甲子園における徳島県勢の初優勝はこの82年の池田というのが正式な記録となっていますが、実はその前に非公式ながら徳島商が全国優勝を果たしているんです。

それが戦中の42年に行われた「全国中等学校錬成野球大会」です。

現在まで続く夏の甲子園の前身は、「全国中等学校優勝野球大会」というのが正式名称です。

「優勝」か「錬成」かの違いなわけですが、当時は戦時下であり軍への動員を図るために全国規模のスポーツ大会が次々と中止されるようになっていました。

とはいえ、全国大会中止が決まったとき、すでに地区予選は終わっていて代表校は決定していました（当時は16校）。そこで文部省と大日本学徒体育振興会が主催となって行われたのです。

非公式であったこの大会は「幻の甲子園」と呼ばれています。

決勝は延長11回表に勝ち越された徳島商がその裏に2点を奪うという劇的勝利で幕を閉じました。ちなみに、このときのメンバーは僕の知る限りお二人ご存命のようで、優勝の盾をいまもおもちとのこと。幻の甲子園の優勝の盾。機会があれば一度この目で見てみたいものです。

ちなみに、選抜に関しては戦後間もない47年に、徳島商が徳島県勢として初めて優勝しています。

さて、蔦監督に話を戻しましょう。

池田の黄金期をつくり上げた蔦監督ですが、四国四商として伝統ある徳島商の前身、県立商の出身です。通算3度甲子園でプレーし、卒業後は同志社大学に進みますが学徒動員で出征。終戦後は社会人野球を経て50年に投手として東映フライヤーズ（現・北海道日本ハムファイターズ）に入団しました。

しかし、在籍していたのはたったの1年でした。そして帰郷した蔦監督は社会科の先生として池田に赴任します。ちょうどこの頃、池田が野球部の監督を探していたのが理由だったそうです。

蔦監督ほどの人がなんで？　と思ってしまうのは、その後の池田での栄光を知っているからなんでしょうね。いかに蔦監督とはいえ、当時は数多くいるOBの一人であったに違いありません。

実際、蔦監督は池田の野球部を自分の手で一から育てていきます。選手寮がなかったため自分で下宿を作って選手の面倒をみて、地道に選手を鍛え続けていったのです。それに、「さわやかイレブン」も「やまびこ打線」も実は正攻法とはいえません。

蔦監督がそれをしたのは、目の前にやはり徳島商という同県の強豪が立ちはだかっていたからなのでしょう。だからこそ正攻法ではない戦術を取らざるを得なかった。

徳島の高校野球の歴史をつくってきた徳島商OBの蔦監督が、母校ではなく新興の池田を率いて県勢として初めて夏の甲子園優勝を果たす。さまざまな巡り合わせがあったとはいえ、これもまた高校野球らしいドラマです。

現在、徳島の勢力図は、鳴門が徳島商と鳴門渦潮（鳴門工と鳴門第一が合併し2012年設立）を一歩リードしている状況となっています。

徳島商、池田、そして鳴門と受け継がれてきた公立校ラインがこのまましばらく続くのか、はたまた私立の生光学園がどこかで割って入るのか。ちなみに鳴門は目下4年連続で夏の県予選を制しており、16年は5連覇がかかっています。

清原のバットをへこませた男

高知は長い間公立の高知商と私立の明徳義塾、高知が3強となっているところです。選抜に関しては土佐や室戸も出場していますが、夏の甲子園に至っては95年以降実に21年間、この3校のみが代表となっています。加えていえば直近6年は明徳義塾が代表の座を独占しています。

この3校以外で印象深いチームといえば、85年の選抜に出場した伊野商です。85年といえば、KKコンビを擁するPL学園が全国を席巻していたときです。そんな時代にあって、このPL学園を準決勝で破って初出場初優勝を果たしたのが伊野商だったのです。

伊野商のエースは、後に西武ライオンズなどで活躍する渡辺智男《とみお》投手です。そして彼こそは、3年生になりもはや誰にも手がつけられないほどに成長していた清原和博選手を完璧に抑えたピッチャーでした。

準決勝での対戦成績は4打数3三振。

しかも、ほとんどの球が真っすぐだったというのですから二重の驚きです。ここまで完璧に、当時の清原選手を抑えこめたのは、たぶん全国で彼一人だったでしょう。ところで、渡辺投手は地元高知の出身ですが、高知には剛腕投手が多いというイメージがあります。

同時代の高知商にも、後にプロになる中山裕章《ひろあき》投手がいるのですが、彼も渡辺投手に劣らず剛速球の持ち主でした。

高知商もＰＬ学園とは83年夏、85年夏と2度甲子園であいまみえています。いずれも負けているのですが、中山投手には清原選手の金属バットをへこませたという、「伝説」が残っています。

まさか野球のボールでバットがへこむなんてことありっこない……。ですよね。僕もそう思いますが、当時の金属バットを考えるとあながちないことではないかもしれません。

当時の金属バットは現在とは違って、金属が薄く反発係数が高かったのです。そのぶん打球の飛距離は出るのですが、代わりに耐久性が低く、すぐに使いものにならなくなってしまっていたというのです。いまもって真偽のほどはわかりませんが、これも高校野球らしいエピソードですよね。

また、この金属バットについては、「攻めダルマ」との異名をとった、あの池田の蔦監督が、反発係数を最大限まで高めるために様々なことをしていたそうです。

そもそも蔦監督は用具選びに関して非常に厳しかったようですが、まず公式戦と練習試合で違うバットを使っていたそうです。

つまり、練習試合では反発係数の低いバットを使って練習し、公式戦にはより反発係数の高いバットで臨んでいたのです。

さらに公式戦では、ベンチの陰に氷水を入れたバケツを用意しておいて、打席に立つ直前までバットをキンキンに冷やしていたそうです。バケツからバットを出すと外気との温度差によってさらに反発係数が高まるという理由からでした。同様に、バットにコールドスプレーをかけたりもしていたそうです。

これは嘘《うそ》のような本当の話ですが、これも蔦監督の勝利への執念が強烈に感じられるエピソードです。

地元に愛される私立高校

高校野球に関しては、いまもなお公立贔屓の県民性が残っているところが少なくありません。

僕の地元の静岡もまさにそうです。公立の静岡、静岡商、浜松商が甲子園に出ると地元は盛り上がるのですが、私立の常葉《とこは》菊川が出場するといまいち盛り上がりに欠けるところがあります。

常葉菊川は春夏それぞれ4回ずつ出場、07年選抜では優勝し、08年夏にも準優勝していますが、選手の多くが東三河《みかわ》ボーイズという県外クラブの出身ということもあって地元の人々はどこか冷めた目で見がちです。

ところが、中には私立が公立の古豪のように愛されているところがあります。それが長野です。

長野がこれまで一番燃えた大会といえば91年でしょう。上田佳範《よしのり》投手を擁した松商学園が春夏連続出場したのです。

松商学園はこれまで春16回、夏35回の出場を誇る名門中の名門です。28年の夏の大会では優勝、40年夏にはベスト4に入っていますが、91年春に準優勝するまでの半世紀ほどは、甲子園に出ても59年の選抜を除いて2回戦止まりでした。他の長野県勢も含めて甲子園では低迷していたこの時期に、松商学園が選抜で決勝まで駒を進めたことで、長野県中が沸きたちました。

選抜での決勝の相手は広陵《こうりょう》（広島）でした。初回に1点ずつ挙げた両チームはその後も抜きつ抜かれつの接戦を演じ、最後は広陵が9回サヨナラで優勝するという劇的な幕切れとなっています。

さらにこの年の夏の甲子園でも、3回戦で四日市工（三重）と激闘を演じました。9回で決着がつかず延長に突入した試合は16回裏に松商学園が1点を奪ってサヨナラ勝ち。準々決勝では惜しくも星稜（石川）に敗れますが、それでも春の準優勝と合わせて古豪復活を全国に知らしめました。長野県中が、燃えないはずがありません。

そもそも松商学園は私立とはいえ、1898年創立という長い歴史をもつ伝統校です。これだけの長い時間、長野に根を張ってきたのですから、もはや私立という意識は地元にはないのでしょう。

一方で、同じ長野の私立では佐久長聖《ちょうせい》も強豪ですが、いまのところは同じようにはいかないようです。

これまで春1回、夏に6回甲子園に出ていて、初めての夏となった94年にはベスト4まで進んでいますが、やはり松商学園のときほどは盛り上がらなかったようです。

新興の私立校にとって地元にどう受け入れられるかというのは大きな問題です。同じ野球をするにしても応援してもらうに越したことはありません。ただ、この問題はすぐに解決することはできません。やはり長い時間をかけて、ゆっくり着実に地元の人々に受け入れてもらうことが一番の近道なのでしょう。

岐阜商OBがすごい

岐阜も伝統的に公立に力を入れてきたところです。

県下きっての名門といえば県立岐阜商です。これまで春夏それぞれ28回出場、春夏合わせて優勝4回、準優勝6回を果たしています。

これら輝かしい戦歴からも、いい選手を育ててきたということは間違いありませんが、岐阜商のすごいところはOBがその後も高校野球の幅広い分野で活躍しているということです。高野連には岐阜商OBが多いですし、16年の選抜でベスト4に入った秀岳館《しゅうがくかん》（熊本）の鍛治舎《かじしゃ》巧《たくみ》監督も、実は岐阜商の4番でエースとして69年の選抜に出場しています。

それでも最近は、05年に「鬼のサカグチ」こと阪口慶三監督が大垣日大の監督に就任したことで勢力図が変わりつつあります。大垣日大はそれまで強豪ではありませんでしたが、阪口監督就任後は春夏でそれぞれ3度甲子園に出ています。

公立校については相変わらず岐阜商が筆頭ですが、一時期は岐阜城北が力をつけて06年の選抜でベスト4に進出しました。ですが、いまはまた岐阜商が盛り返していま す。県勢のレベルアップを考えても、県内にいくつかの有力校があるのはいいことだと思います。

その岐阜城北は15年夏の県予選をノーシードながら勝ち上がり、夏では14年ぶり3度目の出場を決めました。

決勝の相手は飛騨高山地区にある斐太です。

斐太と書いて「ひだ」と読むのですが、「飛騨」ではないのが不思議ですね。ただ、斐太は飛騨市ではなく高山市に学校があります。市も別ですし、遠くから見れば同じ飛騨高山も地元にとっては別々という思いがあるのでしょう。それで漢字を変えたのかもしれませんね。

いずれにしてもこのあたりには石川県の能登半島と同様、「飛騨高山から甲子園へ」というスローガンがあります。岐阜商も岐阜城北も学校は岐阜市内。中央に負けてたまるかというのはどの都道府県にもあるのでしょう。

飛騨高山のスーパー中学生

斐太が甲子園出場まであと一歩と迫った15年は、地元の悲願という意味でも本当に惜しかったわけですが、このときのエースが根尾学投手でした。

決勝では敗れたものの準決勝では名門・岐阜商を3点に抑えています。それだけでもいいピッチャーなのですが、実は弟の根尾昂《あきら》投手は、兄を上回るスーパー中学生として全国から注目されているのです。

この年のスーパー中学生は、この根尾昂投手の他にあと2人います。横浜（神奈川）に進学した万波中正《まんなみちゅうせい》選手と東海大甲府（山梨）に進んだ小野寺瑞生《みずき》選手です。万波選手はバッターで、小野寺選手は投打ともに非常に高いレベルにあります。２人はすでに高校デビューを果たしています。

さて、万波選手も小野寺選手も全国区の名門に進んだわけですが、では、昂投手はどこに進学したのでしょうか。

15年には、兄・学投手が斐太で悔しい思いをしています。だったらその悔しさを弟が引き継いで今度こそは甲子園へと思いきや、昂投手が進学したのは大阪桐蔭《とういん》でした。こちらも横浜、東海大甲府に負けず劣らずの強豪です。

根尾昂投手については中学時代に１４６キロを投げたというだけでもすごいのですが、実はスキーの腕前も相当なもので全国中学校スキー大会で優勝しています。おまけに学校の成績もトップクラスで生徒会長も務めたとのこと。両親は共に医者で、父親が慶応出身とのことで一時は慶応高校に進学するのではないかという噂《うわさ》もあったほどでした。

まさに野球という枠がなくても非の打ちどころのないスーパー中学生といえるでしょう。成長し、これからどんな姿を見せてくれるのか、いまから楽しみで仕方ありません。

最近の東京は西高東低

都大会が東西に分かれている東京からは、夏の甲子園に2つの代表校が出場します。これと同じところは他に、大会が南北に分かれている北海道しかありません。

北海道も東京も予選出場校は合わせて200を超えます。

以下、愛知（189校／15年）、神奈川（186校／同）、大阪（180校／同）と続きますが、これらの県の代表校は1校です。

都大会が東西に分かれたのは74年のことでした。

しかし、同じ都内で移転する学校も多くて、東西どちらの代表にもなったことがあるという学校もあります。

たとえばこれまで春夏通算49回の出場を誇り、1915年の夏の甲子園第1回にも出場した早稲田実は、かつては大学がある早稲田にあったので東東京大会に出場していましたが、国分寺キャンパスに移転してからは西東京大会に出場しています。

そんな東京は、最近は西高東低といった感じです。

西東京の学校を思いつくままに挙げてみますと、早稲田実、日大三、国学院久我山、国士館、日大鶴ヶ丘、創価といった甲子園でも強豪に数えられるところが顔を並べます。一方で東東京は帝京、関東一、修徳くらいでしょうか。その修徳も最近は元気がないように感じます。

公立と私立の関係は、大都市と呼ばれる他のところがそうであるように、東京でも資金力があって全国から選手を集めやすい私立が優勢です。

ただ、最近は東東京がやや低迷気味なので、都立校にとってはチャンスかもしれません。

これまで都立で夏の甲子園に出たことがあるのは、3校のみです。

ひとつは西東京から80年に出場した国立《くにたち》。そして東東京からは99年、01年に2度出場した城東と、03年に出場した雪谷《ゆきがや》です。

特に城東は初出場の99年のときに1年生だった選手が3年生でもう一度出ているという計算です。都立というだけで甲子園に出場するのは相当難しいことなのに、2回も出ているというのはかなり稀有《けう》な存在ですよね。

ちなみに、春の選抜では14年に、21世紀枠で小山台が出場しています。

都立が台頭してきた東京

東京も長らく「私立優位」が続いてきたところですが、それが今後も続くかどうかは疑問です。最近の都大会を見ていると地殻変動を感じるからです。

これまで各地区の予選を突破して都大会に出場してくるのはほとんどが私立で、都立は1、2校のみということもあったのですが、最近は都大会出場校の半分くらいが都立ということもあったりするのです。

僕はこれにはいくつかの理由があると思っています。

まず、いい指導者が増えたこと。高校野球で勝とうとすればこれは欠かせない要素です。高校球児はプロのように完成された選手ではありません。どれほどいい素材であってもそれを導く人がいなければ宝の持ち腐れになってしまいます。

全国には、それまでぱっとしなかった学校が、監督が代わった途端、まさに生まれ変わったように躍進するというケースが少なくありません。これこそはまさに高校野球にとってどれほど指導者が重要かということでしょう。

次に都立校に優秀な選手が集まるようになったこと。これには2つの側面があると思います。

ひとつは長引く不況による影響です。ひと昔前までなら私立に行っていたような子も、最近は学費の安い都立を選択するという子が増えているように感じます。

もうひとつの側面は、都内の中学世代のレベルが非常に高くなっているということ。もちろん、これは東京の高校野球にとってもいいことなのですが、問題はその受け皿が足りないということです。そして特待生制度などで私立に入れなかった子が、世相もあって都立に入学してくるというわけです。また、ここには別の問題もあって、強豪私立が多いあまり、その世代のトップレベルの選手が各校に分散してしまうということもあります。

地方を見れば、たとえば智弁和歌山のように、和歌山県中の優秀な選手が集まって「オール和歌山」といってもおかしくないメンバーでチームをつくってくるところもあるわけですから、いかに東京の人口が多いとはいえ、これは大きなデメリットでしょう。

さらにいえば、都内私立の中には校舎の近くに練習グラウンドがないところも少なくありません。たとえば、江戸川区にある関東一のグラウンドは千葉にありますし、やはり千代田区にある二松学舎大付属のグラウンドも同じく千葉にあったりします。

最近の都立校の中には中高一貫校も多くなってきました。

これはより長いスパンでチームづくりを考えられるということですし、先ほど述べた私立に入れなかった子が高校3年間で力をつけて今後都立校が伸びてくるようになれば、あるいは東京では、私立優位が進む全国の流れとは真逆をいく現象が起きるかもしれないと、僕は少し期待をもって見ています。

まだまだあるぞ！
甲子園のハンパねぇ話②

これまで20年近く高校野球を見てきた中では、インパクトのある名前にもたくさん出会ってきました。

まずは、すでにお亡くなりになってしまっているのですが、大分の柳ヶ浦、明豊《めいほう》で甲子園に出場した名将・大悟法久志監督。「だいごぼう」と読むのですが、いかにも強そうな感じですし、一度聞いたら忘れられない名前ですね。

そして高校野球史上最も長い名前といえば、88年の選抜に出場した北陽（現・関大北陽／大阪）の太田兄弟でしょう。お兄さんが太田孔子郎信忠《こうしろうのぶただ》で、弟が太田平八郎忠相《へいはちろうただすけ》。残念ながら２人ともレギュラーではなかったため甲子園での知名度はいまひとつでしたが、インパクトは十分でした。

名前での珍事といえば、98年の岩手県予選では遠野高校のスタメンに同じ苗字がずらりと並んだことがありました。９人のうちなんと７人が「菊池」。もともと遠野地方には多い名前で部員54人のうち19人が菊池姓だったようですが、それにしてもという感じですよね。

第六章
高校野球と県民性

県内出身監督が多い広島

広島はこれまで県勢合わせて春の選抜で5回、夏の甲子園では7回の優勝を誇る、全国でも指折りの野球王国です。

かつては公立の広島商と広島工、私立の広陵《こうりょう》がそれぞれの筆頭格として激しくシノギを削っていました。

特に1970年代後半から90年頃にかけては完全な3強時代で、77年から88年までの12年間、夏の甲子園代表はこの3つの高校が独占していました。

それでも世の流れなのでしょうか、広陵は相変わらずの強さを発揮していますが、最近は広島商にあまり元気がありません。

代わりに台頭してきているのが、如水館《じょすいかん》と広島新庄です。

90年代後半から力をつけてきた如水館はこれまで春夏通算8回出場。広島新庄は本当にここ数年という感じですが、2014年の選抜と15年の夏の甲子園に出場しています。ということで、いまは広陵と如水館、広島新庄が3強で、その下に瀬戸内、山陽、そして広島工が復活してきているという構図です。

また、広島は県内出身の監督が多いという特徴もあります。

広島東洋カープも一度出ていった選手が晩年になって戻ってくることが多い球団ですし、これはおそらく県民性なのでしょう、とにかく県内出身の監督が多いのです。

そしてそのルーツをたどると、だいたい広陵のOBか広島商のOBになります。

つまり、母校を勝たせるためにではなく、母校を倒して甲子園にいくために県内他校の監督になっている人が多いのです。

ちなみに、現在トップを争っている3校の監督は、広陵の中井哲之監督が広陵OB（当然といえば当然ですが）、如水館の迫田穆成《よしあき》監督と広島新庄の迫田守昭監督が広島商OBです。

2人の迫田監督は実の兄弟で、広島新庄の守昭監督は穆成監督の6歳下の弟。2人はともに、母校・広島商の監督も務めたことがあります。

そして広島商では兄の穆成監督が選手と監督の両方で夏の甲子園で優勝しています。

選手時代は、57年夏に当時圧倒的な強さを見せていた法政二（神奈川）を下馬評を覆して倒し、優勝。監督時代は73年夏の甲子園決勝で、9回満塁からのスリーバントスクイズを成功させ、静岡にサヨナラ勝ちしました。

またこのときの広島商は、その前に行われた春の選抜で、怪物・江川卓《すぐる》投手を擁する作新学院（栃木）を準決勝で破って決勝に進み、準優勝しています。

他に広島出身の監督としては、すでに定年退職してしまっていますが、瀬戸内の後《せど》原富《はらひさし》監督はプロアマ断絶後、元プロ野球選手で初めて高校野球の指導者になった人です。

出身はやはり同じ広島県内の海田《かいた》高校。駒沢大学を経て東映フライヤーズに入団するも3シーズンで引退し、その後教員免許を取って瀬戸内の前身である松本商に赴任しました。とはいえ、当時は社会人野球選手のプロ契約を巡って、プロとアマの間に大きな溝があった時代です。

プロ野球選手が高校野球部を指導するというのは例外なく禁止されていたのですが、この現状を打破しようと後原監督が高野連会長に直談判した結果、教諭を10年続ければ指導ができるという特例がつくられたのです。

これをきっかけにその後プロとアマの距離は少しずつ近づいていき、いまでは元プロ野球選手がプロ側とアマ側が1日ずつ行う研修を受ければ、高校野球を含めたアマチュアを指導できるようになりました。

ちなみに、晴れて高校野球監督になった後原監督は、91年選抜と00年夏の2度、瀬戸内を甲子園に導いており、それが現在強豪のひとつに数えられる礎となっています。

夏の甲子園で意外と優勝していない九州

九州は気候もよく、野球をするには絶好の地域で強豪が多いイメージも強いのですが、実はすべての県が夏の甲子園で優勝しているわけではありません。

夏を制したことがあるのは、福岡と大分、佐賀、沖縄の4県だけで、長崎、宮崎、熊本、鹿児島はいまだ優勝経験がありません。地域としてみても、四国4県がこれまで合計で11回、夏の甲子園で優勝しているのに対し、九州は沖縄を含めた8県を合わせても8回のみ。選抜を含めれば、四国の26回に対して、九州が15回とさらに差は開きます。

そんな九州の中にあって、僕らの世代で「九州といえば」といっていいくらいの強豪が鹿児島実です。

初出場は61年夏の甲子園。以来、春9回夏18回の計27回甲子園の土を踏んでいます。鹿児島実のすごいところは60年代から現在まで強豪であり続けているということです。特に70年代と90年代における鹿児島実の強さは相当のものがありました。夏の優勝こそないものの、96年の選抜での全国優勝はその象徴でした。

そしてこの鹿児島実と80年くらいまでシノギを削り合ってきたのが、鹿児島商と鹿児島玉龍《ぎょくりゅう》です。

鹿児島商は戦前から鹿児島の高校野球を引っ張ってきた存在で、これまで春夏通算25回甲子園に出場しており、最近では07年の選抜に出場しています。

鹿児島玉龍は50年〜70年代にかけて春夏合わせて7度甲子園に出ています。

この時期の鹿児島は他に出水《いずみ》商、甲南といったあたりも強豪でした。

そして80年代に入ると鹿児島商工が力をつけてきます。現在の樟南《しょうなん》ですが、春夏通算25回の出場は鹿児島商とともに鹿児島実に次ぐ数字です。初出場の70年夏から常に高いレベルを維持している学校です。

樟南といえば、初の九州勢による決勝対決となった94年夏が忘れられません。相手は佐賀商（佐賀）でした。当時佐賀県もまだ甲子園優勝がなかったため、どちらが勝っても県勢初優勝となる一戦でした。

結末はまさにドラマチックを絵に描いたようなものでした。同点で迎えた9回表、2死満塁から佐賀商に満塁ホームランが飛び出したのです。実はその直前、佐賀商は1死1、3塁でスクイズに失敗しています。そこから開き直っての一発でした。決勝での満塁ホームランはこれが夏では初でした。

ちなみに佐賀商が県勢として初の全国優勝を決めたこのときに、臨時コーチを務めていたのが同校出身の香田誉士史《こうだよしふみ》さんです。

この優勝で手腕を認められた香田さんはその後、駒大苫小牧《とまこまい》（北海道）の監督となると北海道に初めて甲子園優勝旗を持ち帰り、04年、05年には史上6校目（戦後2校目）となる夏の甲子園連覇を達成しました。

また、鹿児島は00年代に入ると神村学園が台頭してきました。05年の選抜で準優勝。

さらに最近では尚志館《しょうしかん》や大島といったところも力をつけてきており、まだ夏の出場はありませんが、それぞれ13年、14年の選抜に出場しています。

最後に、鹿児島は全国でも珍しく、福岡と並んで小学校ではソフトボールが盛んな地域です。通常は少年野球から中学野球にいってそこから高校野球というのが一般的なのですが、鹿児島ではソフトボールから中学野球というルートになるのです。県内出身では、メジャーでも活躍し現在は阪神タイガースに所属する福留《ふくどめ》孝介選手がいますが、やはり小学校時代はソフトボールをしていたそうです。野球とはだいぶ違うイメージのあるソフトボールですが、使われるボールは軟式球より硬式球に近い感覚ともいわれています。基礎はここで身に付くのかもしれませんね。

決勝での満塁ホームランといえば佐賀県勢

佐賀勢は、これまで2回夏の甲子園を制しています。

1度目は先に述べた94年の佐賀商。2度目は、佐賀北が広陵（広島）を5対4で下した07年夏です。

ところで、この2つの決勝には共通点があります。

それは、どちらの試合でも満塁ホームランが出ているということです。

佐賀県勢には一度も準優勝がありません。つまり、2回しか出ていない決勝のどちらの試合でも満塁ホームランを打って、優勝しているというわけです。夏の甲子園決勝での満塁ホームランの確率が、佐賀県勢は100パーセントということになります。

とりわけ、07年大会の満塁ホームランは衝撃的でした。

8回表を終わって、佐賀北は広陵に4点のリードを許しており、自分たちはまだ1点も取っていませんでした。

そして1点を返して1対4で迎えた1死満塁のチャンスで、バッターボックスに入った3番の副島浩史選手がボールをレフトスタンドに叩《たた》き込んだのです。

この大会の佐賀北はそれまでの戦いぶりを含めて強烈な印象を残しました。突出した選手がいない中、数々のファインプレーで強豪を打ち破り、おまけに最後の決勝は満塁ホームランで逆転。彼らの快進撃は「佐賀北旋風」と呼ばれました。

ただ、このときの優勝を語る上では、そのベースとなった「クロスロードイン鳥栖」

という佐賀独自の野球大会を無視することはできません。

クロスロードイン鳥栖というのは毎年ゴールデンウィークに行われる練成会です。鳥栖を3度甲子園に導いた平野國隆監督が沖縄水産の栽弘義《さいひろよし》監督との交流をきっかけに、94年佐賀東地区の強化という目的の下、6校でスタートさせました。

しかし、年を追うごとに他県からも含めた参加校が増えていき、20年以上が経《た》ったいまでは100校を軽く超える大会になっているのです。

クロスロードイン鳥栖の特長はなんといっても「手づくり」というところ。そもそも佐賀という場所が各地域からアクセスしやすいということもあるのですが、それ以上に数多くの学校が時間とお金をかけて参加してくるのは、高校野球に対する地域ぐるみの愛を感じるからなのでしょう。

練成会の運営はすべて鳥栖市内の高校のボランティアによって行われます。

グラウンドの確保や宿泊所の設営なども全部彼らが行っています。

あるときはそれほど大規模な大会ならばと協賛を申し出てきた企業もあったそうですが、それをすると商売になってしまうからという理由で断ってもいます。

ただ、100校を超える参加ともなれば選手コーチだけでも相当な人数になります。1チーム30人としても100校で3000人。試合のためのグラウンドを確保し、体育館などを使って宿泊施設を整えるにしてもやはり地域の協力は欠かせません。企業に協賛してもらえば確かに運営は楽になるでしょう。しかし、安易にその道を選ぶことなく従来のやり方を貫いている。そこに高校野球への愛を感じずして、他の何に愛を感じられるというのでしょうか。

07年の佐賀北の優勝を支えたのは、地元のこうした野球への大きな愛だったのです。

最後に、佐賀といえば伊万里《いまり》農林も忘れるわけにはいきません。

現在、日本に林業高校はなく農業高校も減っていますが、その中にあって伊万里農林は唯一甲子園出場を狙えるレベルの学校で、09年夏に甲子園の土を踏んでいます。

奇跡のバックホーム

熊本県は、残念ながらいまだ夏の甲子園での優勝経験がありません。

でも熊本といえば、96年夏の甲子園決勝での熊本工対松山商が球史に残る名勝負として語り継がれています。これが、熊本県勢が最も夏の優勝に近づいた瞬間でした。

試合は2点をリードされていた熊本工が8回裏と9回裏に1点ずつを入れ延長に突入します。勢いはやはり9回裏の土壇場に追いついた熊本工。それを証明するかのように直後の10回裏にもチャンスが訪れます。

先頭打者の星子崇選手が2塁打を放って出塁すると送りバントと連続四球で1死満塁。犠牲フライでもサヨナラ勝ちという場面を迎えます。

ここで打席に入った本多大介選手がライトに大きな当たりを打つのです。

これには中継を担当していたNHKのアナウンサーも「行ったー、これは文句なし」と叫んだほどでした。

しかし、高々と舞い上がった打球は甲子園特有の浜風に押し戻され、この直前に交代してライトを守っていた矢野勝嗣選手のグラブの中に収まってしまいました。

それでももちろん、大きな当たりであることに間違いはありません。

これには捕球した当の矢野選手でさえも「タッチアップでの熊本工のサヨナラ勝ちを確信した」と後に語っていますが、ここから渾身《こんしん》の力で投げられた矢野選手のバックホームが、今度は浜風に押されるようにグンと伸びて3塁ランナー・星子選手の生還を阻止したのです。

これには甲子園球場全体が一瞬音を失いました。まさに「奇跡のバックホーム」としていまもなお語り継がれる瞬間です。誰もが熊本工の勝利を確信する中、初の熊本県勢夏の優勝が幻となってしまったのです。これによって勢いは松山商に傾き、松山商は11回の表に一挙3点を挙げ、そのまま優勝を果たします。

ちなみに、このときホームで刺された星子選手は現在、熊本市内で飲食店を経営されています。その名も「たっちあっぷ」。なんとも粋な名前をつけたものですね。

その熊本工も13年に4年ぶりとなる夏の甲子園に出場したものの、最近はあまり元気がありません。

全国的に見ても工業高校は減っていってますし、あのときの呪縛を断ち切るためにも熊本工にはぜひがんばってほしいと思います。その代わりというわけではないのでしょうが、熊本では最近6年で3度の選抜、夏も2回出場している九州学院、さらには16年の選抜に出場した秀岳館《しゅうがくかん》といった私立が元気です。

他の地域と同じく熊本も公立対私立の構図が続くところですが、切磋琢磨《せっさたくま》する中でのさらなるレベルアップを期待しています。

長崎は名監督の産地

九州の中でも長崎は学校というより監督のイメージが強いですね。

まずは、80年から智弁和歌山（和歌山）の指揮を執る高嶋仁監督です。85年の選抜に初出場すると、以来チームを春夏通算35回甲子園に導き、優勝3回、準優勝3回というとてつもない勝ち方をしていますが、高嶋監督は、長崎の五島列島出身で母校は長崎海星です。

そして東海大甲府（山梨）の村中秀人《ひでと》監督も、高校は東海大相模《さがみ》ですが生まれは佐世保市です。

また、06年の選抜で準優勝、09年の選抜で長崎県勢初の優勝を果たした清峰《せいほう》は、吉田洸二監督と清水央彦《あきひこ》コーチが二人三脚で全国区の強豪に押し上げた学校でした。2人はともに長崎県出身で、佐世保商野球部の先輩後輩の関係にあります。

二人三脚といえば、思い浮かぶのは先に紹介した横浜の渡辺元智《もとのり》監督と小倉清一郎《きよいちろう》部長のコンビですね。吉田監督が主に采配を、清水コーチが主に技術指導をしているという点でも似ています。

ただ、ひとつ違うのは渡辺監督と小倉部長が同期であったのに対して、吉田監督と清水コーチは先輩後輩の間柄であったということです。

それが関係したのかどうかはわかりませんが、08年に清水コーチが学校を離れるという形で、このお二人は袂《たもと》を分かっています。09年選抜での優勝は、そんな状況での長崎県勢初となる全国制覇でした。

その後、吉田監督は13年に山梨学院の監督に就任しています。大学の4年間を山梨学院大で過ごしているという縁がありました。

いま、吉田監督はこれまで原貢《みつぐ》監督しか成し得ていない「2県での優勝」に挑戦しています。山梨学院は、吉田監督の就任2年目の14年春に、11年夏以来になる甲子園出場を決めました。

すぐ結果を出したあたりはさすがですが、山梨の夏の県予選は目下のところ東海大甲府が2年連続優勝しており今年は3連覇がかかっています。

おっと、ここでお気づきの人もいましたかね。

そうなんです、いまの山梨ではともに長崎出身の東海大甲府・村中監督と山梨学院・吉田監督がシノギを削っているというわけなのです。

山梨で、長崎出身の2人の指揮官が優勝を争う。

なかなか興味深い光景ですよね。

優秀な選手が多過ぎる福岡

高校野球には都道府県ごとに様々な構図があります。

1強が甲子園連続出場を続けているところもありますし、2強3強が甲子園の切符を争っているというところもあります。

そんな中にあって、福岡はいっそ2代表にしてもいいくらい強豪が揃《そろ》っているところです。

高校の予備軍ともいうべき中学世代も大阪と同じくらい強くて、それこそ受け皿が足りないという理由で優秀な選手が県外に出ていってしまっているほどです。

鹿児島実（鹿児島）もその受け皿のひとつで、たとえばOBの杉内俊哉投手（巨人）も高校進学を機に福岡を離れた一人です。

福岡といえば、92年夏の甲子園を制した西日本短大付の森尾和貴投手は強烈でした。5試合に登板して、4試合完封。失点は準々決勝の北陸（福井）に1点を与えたのみで、防御率はなんと0・20です。一連の成績は松坂大輔投手や田中将大《まさひろ》投手をはるかに凌《しの》ぎます。森尾投手は僕の一つ上なのですが、これを見ながら、伝説が生まれる瞬間に立ち会っている気分でした。しかし、ドラフト1位も間違いないと思っていた森尾投手もその年のドラフトにはかかりませんでした。

その後、森尾投手は社会人野球に進みますが、結局はプロに入っていません。あれほどの投手がどうして？　という思いはいまでもあります。

でも、もしかしたら森尾投手はあの夏の甲子園のときにすでに完成しきっていたのかもしれません。確かに超高校級ではありましたが、完成していたのだとしたら、プロに入っても伸びシロが小さいと判断されたのかもしれませんね。

福岡の高校では、88年に夏の甲子園で準優勝した福岡第一が個人的に好きですね。僕が中学生のときに出場しているのですが、選手全員が眉毛も細くて帽子を取ればもれなくソリがはいっている。そう、ここの選手はみんなヤンチャだったんです（笑）。83年春の享栄《きょうえい》（愛知）よりもその雰囲気が強い学校でした。

僕と同じよしもと所属の、バッドボーイズ・佐田正樹の母校といえばイメージしやすいでしょうか。あんな感じなのです。

このときの福岡第一の選手たちは実に個性的で魅力的でした。そして、ハンパなく強かった。

後に千葉ロッテマリーンズや巨人で投げる前田幸長投手も、まだ華奢《きやしや》で細かったのですがヤンチャでカッコよくて。「九州のバース」と呼ばれていた山之内健一選手も豪快で個性的でした。

ちなみに現在の福岡は、上位5校くらいが横に並んでいて、そのすぐ下に10校ほどがひしめいているという団子状態です。

ここ数年は、宮城の東北から移ってきた若生正廣《わこうまさひろ》監督の下で力をつけた九州国際大付属が結果を残していますが、どこが甲子園に行ってもおかしくないという状況が続いています。ちなみに若生監督はその後に埼玉栄に移り、現在も監督をしていますが、ここも着実に力をつけてきています。

父子で引き継がれる箕島のＤＮＡ

県勢が春夏通算12回の優勝を誇る和歌山も全国指折りの野球王国です。

戦前は、和歌山中（現・桐蔭）が21年、22年に夏の甲子園で史上初めて連覇しています。

だったら戦前はずっと和歌山中の天下だったかといえばそうではなく、海草中（現・向陽《こうよう》）がやはり39年、40年に史上４校目となる夏の甲子園連覇を達成しています。

戦後、その歴史は新宮《しんぐう》、海南、市立和歌山商といったところに引き継がれ、70年代に入ると本格的な箕島《みのしま》時代が訪れます。

尾藤公《ただし》監督の下、箕島は80年までに春3回、夏1回の全国制覇を果たします。

79年には春夏連覇をしていますが、夏の3回戦での星稜との延長18回におよぶ激闘は先にも述べた通り、高校野球史上最高の試合とされています。

尾藤監督は95年に勇退していますが、その後を継いだのが尾藤監督の長男である尾藤強監督です。

尾藤強監督は箕島の出身。現役時代は父の教えを受けた親子鷹《おやこだか》ですが、甲子園出場はありません。

その後、法政大学に進んだ後、和歌山に戻り12年から会社員の傍ら母校のコーチを務め、13年に監督に就任しました。

この年、箕島は和歌山県予選を制して甲子園に出場していますが、これは実に29年ぶりとなる夏の甲子園でした。

一時代を築いた尾藤公監督でしたが、90年代以降の箕島は91年と09年の2度の選抜でしか甲子園に出られていなかったのです。

尾藤家で引き継がれた情熱が、箕島を復活させる起爆剤となるかもしれません。

智弁和歌山のトンデモ調整法

そして80年代半ば以降、箕島に代わって和歌山の盟主の座についたのが智弁和歌山です。

85年の選抜に初出場して以来の30年間で甲子園に出場すること実に32回、優勝と準優勝もそれぞれ3回している全国レベルの強豪です。

高嶋仁監督は80年に姉妹校である智弁学園（奈良）から転任して、監督になっていますが、智弁和歌山は1学年10人程度の部員数という少数精鋭といった特徴があります。3学年合わせても30人ほどしかいません。

さらにいえば選手のほとんどは和歌山県出身です。

他の甲子園出場校を見ると１００人を超える部員がいる学校もある中で、少数精鋭の智弁和歌山は非常に目立つ存在です。

そうした中、高嶋監督は一人の選手が複数のポジションをこなせるようにするなど、木内幸男《ゆきお》監督の常総《じょうそう》学院と似たチームづくりをしています。

また、絶対的エースをつくることもしません。基本的に智弁和歌山は打のチームですが、先発ピッチャーは試合ごとに変えてくることも珍しくありません。

打のチームということでいえば、ある噂《うわさ》を耳にしたことがあります。入部した1年生は重いバットを持って、150キロのピッチングマシーンに向かうというのです。もちろん、球速もさることながらバットも重いので最初はボールに全然当たりません。

しかし、慣れてくると少しずつボールに当てられるようになり、2年生になると前に飛ぶようになり、3年生になると普通に打ち返せるようになるというのです。真偽のほどはわかりませんが、甲子園での智弁和歌山の打撃を目にすると、あながちウソとはいえない気がしてなりません。

夏の県予選の直前に、2週間におよぶ地獄の合宿があるというのも智弁和歌山ならではですね。

ここでは肉体的にも精神的にもとことんまで追い込まれるそうです。そしてそのまま間髪を容れずに県予選1回戦に臨むのです。

疲労のピークにある選手にとっては相手がどこであっても厳しい試合となります。

実際、過去には力を発揮できず早々に姿を消したこともあるそうです。

しかし、高嶋監督はやり方を変えようとはしません。

高嶋監督が見ているのはあくまで全国優勝です。

だからこそ、調子のピークが甲子園大会決勝にくるように計算して、試合をこなすごとに調子が上がっていくようにしているのです。

まさにオール・オア・ナッシング。

そこには高嶋監督の勝利への執念を感じずにはいられませんが、それも高嶋監督が監督に就任した当時を知れば納得がいくというものです。

智弁和歌山が智弁学園と姉妹校だというのは先に述べました。いまでこそ出場回数も優勝回数も智弁和歌山が上回っていますが、80年代までは智弁学園の方が甲子園での実績は上でした。

しかも最初の5回は甲子園に出場しても勝利を挙げられず、ようやく甲子園初勝利を手にしたのは初出場から実に8年後のことでした。

しかも当初は弱小だったため、県内だけでは選手が集められず県外から選手を連れてきていました。

それにより地元の声援を受けることがなかなかできず、しかも甲子園に出ても勝てないということで、高嶋監督は相当に悔しい思いをしたそうです。

それにしても高嶋監督の勝利への執念には頭が下がる思いです。これほどの実績を残しながらもなお、高嶋監督の情熱は微塵《みじん》も衰えていないのですから。

高嶋監督は試合中にベンチには座りません。その横で腕を組んで仁王立ちしています。これこそは高嶋監督が全国優勝だけを唯一の目標に、選手とともに戦っているということの表れなのでしょう。

どの地域も強い千葉県

千葉も全国有数の高校野球激戦区として知られるところです。

古くは千葉中（現・千葉）や成田中など、60年代から80年代にかけては習志野と銚子商が激しく覇権を争ってきました。

80年代に入ると、ここに拓大紅陵《こうりょう》、東海大浦安、八千代松陰といった私立勢が加わってきます。

そして90年代に入ると市立船橋、00年以降は木更津総合、千葉経大付、さらに近年は東海大市原望洋《ぼうよう》、専大松戸、成田中を前身にもつ成田が盛り返してきています。

こうして千葉の高校野球の歴史を見てみるとわかるのは、県内のほぼすべての地域に強豪と呼ばれる学校があるということです。

これは全国でも珍しい現象です。

たとえば山形県内は北に酒田、中央の山形、南に米沢といった地区がありますが、やはりどうしてもというべきか、地域格差が出てきてしまいます。

山形の強豪といって真っ先に思い浮かぶ学校としては、日大山形や東海大山形、山形中央がありますが、これらはいずれも山形市内にあります。

北の酒田からは酒田南が97年夏に初出場して以来、春夏通算11回出場していますが、では南はどうかというと91年夏の米沢工が1度出場しただけです。

千葉にはこうしたことがありません。

もちろん、もっと細かく見ていけば地域格差はあるのでしょうが、東京に近い地域も茨城に近いところも、県央も房総半島も北から南まで強豪の名前が必ず挙がるのです。

しかし、残念なことに最近の千葉はあまり元気がありません。

近年の目立った成績といえば、10年の夏の甲子園で成田がベスト4、08年の選抜で千葉経大付がベスト4になったくらいです。

最後の決勝進出は00年夏に準優勝した東海大浦安までさかのぼります。

千葉の中学世代に目を転じると千葉市リトルシニア、佐倉リトルシニアといった全国的な強豪がたくさんあります。

ただ、将来有望な選手が県外に出ていってしまうという現状もあるようです。

たとえば、千葉リトルシニア出身で、中学時代にはすでに140キロを超えるボールを投げ、U—15日本代表メンバーにも入っていた藤平尚真《しょうま》選手は現在横浜（神奈川）にいます。

松坂大輔や涌井秀章といった球界を代表する投手を輩出した横浜でエースになって

いるのはさすがですが、もし彼が千葉の高校に進学していたら……。

彼のような選手は、実は他にもたくさんいるのではないかと思ってやみません。高校から他県に移った高橋由伸《よしのぶ》選手も阿部慎之助選手も千葉出身なのです。

明石市から悲願の甲子園

兵庫が他の都道府県と決定的に違うのは、なんといっても甲子園があるということでしょう。

甲子園のお膝元ですから、当然、かねてより野球も盛んです。

これまでの兵庫県勢の戦績を並べれば、選抜で優勝すること6回、夏の甲子園でも7回の優勝を数えています。

しかし、そんな兵庫も最近は勝ちきれていません。

選抜で最後に兵庫県勢が優勝したのは02年の報徳学園、夏の甲子園に至っては93年の育英までさかのぼらなければなりません。

一番近くにいるのになんだか遠い優勝旗というのが兵庫の現在でしょうか。

ちなみに、かつては兵庫県予選の試合会場として甲子園が使用されていました。そんな兵庫の現在は、報徳学園、育英、東洋大姫路、神港学園といった学校がシノギを削る群雄割拠の時代です。

とはいえ、代表校は神戸に拠点がある学校が中心です。だからこそ、16年の選抜で明石商がベスト8に入ったのは明石市にとっては快挙でした。明石では市を挙げて野球の強化に力を入れてきたのです。

明石商を率いているのは、狭間善徳《はざまよしのり》監督です。

狭間監督は明石市出身。明徳義塾（高知）でコーチを務め、93年に明徳義塾中学の野球部監督に就任すると全国中学校軟式野球大会で4度全国優勝を果たしました。

その後、明石商の指導者を探しているとの公募を見つけて応募。06年に明石商のコーチとなり、翌07年に監督に就任しました。

まさに地域ぐるみの強化が実を結んだ形になったわけですが、明石市民も狭間監督もこれで満足しているわけではないでしょう。さらなる高みを目指しているはずです。

狭間監督は明石商に赴任した際、ユニフォームを縦じまにしていますが、そこには明徳義塾に追いつけ追い越せという思いが込められています。

甲子園に魔物はいるか

誰もが予想し得ない劇的な展開・結末をさして、甲子園には魔物がいるとよくいわれます。

07年夏の甲子園決勝、先に述べた広陵対佐賀北はまさにその象徴的な試合でした。広陵が7回までに許したヒットはたった1本でした。それが8回に、突如として佐賀北の打線が爆発し、最後は満塁ホームランで試合をひっくり返されたのです。

どうなのでしょうか。

本当に甲子園に魔物はいるのでしょうか。

僕は、いると思っています。

僕は甲子園に出たことがありませんが、お笑い芸人の甲子園ともいうべきM―1グランプリで魔物の存在を感じたことがあります。

M―1には01年から出場して3度決勝に進んでいます。

最初に決勝に進んだのは04年でした。しかし、結果は7位。翌年は準決勝で敗退し、06年に2度目の決勝に進みましたがこのときも5位で頂点には届きませんでした。

そして迎えた07年。これは僕たちトータルテンボスにとってM―1ラストイヤーでした。M―1には結成後10年以内という出場規定があったのです。

僕たちは3度目の正直を現実のものとすべく、最後のM―1に向けて1年という時間をかけてじっくりと準備をしました。それまでの2回の決勝は、優勝できなかったものの、内容については優勝したコンビにも負けないくらい評価されていたからです。ネタはその年明けに厳選した10本を用意し、それを全国ツアーで徹底的に磨いていきました。

そして迎えた最後のM―1。予選を終えた僕たちはその時点でトップに立ちました。この大会では優勝候補と呼ばれていましたし、もちろん僕たち自身もそのつもりでした。予選からぶっちぎって優勝してやるくらいに思っていたのです。

会場のお客さんも審査員も思った通りの反応をしてくれました。646点という点数も決して低い点数ではありません。

しかし、直後のキングコングに4点差でトップに立たれてしまいました。

このときなんとなく嫌な予感がしたのを覚えています。

そして、敗者復活戦から上がってきたサンドウィッチマンが僕たちより5点上、つまりキングコングと1点差の1位になったとき、その予感はますます大きくなっていきました。

上位3組で争った最終決戦。

優勝したのはサンドウィッチマンでした。

それまでまったく無名だったコンビが一気にスターダムにのし上がる。しかも敗者復活からだというのだからこれ以上の劇的な展開はありません。

あのとき、確かにあの会場には魔物がいました。

サンドウィッチマンの一度は死んだ身という開き直りに加え、史上初の敗者復活から優勝という、その劇的瞬間をこの目で見たいという観客の思いが、まるでこちらの努力をあざ笑うかのように、大きなうねりとなって渦巻いていました。

あのとき、何をもってしても抗《あらが》いがたい何かがそこにはありました。

そしてそれは甲子園という場所にも同じようにあるものなのでしょう。

彼らに勝ってほしい。彼らを勝たせたい。彼らが勝つところを見てみたい。

そんな群集心理の表れ、後押しが魔物の正体なのではないでしょうか。

冷静に考えればとんでもなく確率が低いはずの「初出場初優勝」が意外と出ているのも、新参のチームが群衆を味方につけやすいからと考えれば納得もいきます。

藤田憲右［ふじた・けんすけ］

1975年12月30日生まれ。静岡県出身。'97年に大村朋宏とお笑いコンビ・トータルテンボスを結成。高校時代、静岡県立小山高等学校野球部のエースとして、夏の甲子園・地方予選大会で2試合連続1安打完封勝利をあげる活躍をした。『アメトーーク！』（テレビ朝日系列）の「高校野球大好き芸人」や『サンデースポーツ』（NHK）で豊富な高校野球知識を披露。毎年秋に行なわれる明治神宮野球大会の観戦などで各校の情報を集め、翌年の動向を占うほどの高校野球マニアである。

協力：蔦哲一朗
編集協力：五味幹男
編集：新井治（よしもとクリエイティブ・エージェンシー）
　　　徳田貞幸（小学館）

ハンパねぇ！高校野球

二〇一六年　七月六日　初版第一刷発行

著者　藤田憲右
発行人　菅原朝也
発行所　株式会社小学館
〒一〇一－八〇〇一　東京都千代田区一ツ橋二ノ三ノ一
電話　編集：〇三－三二三〇－五八〇六
　　　販売：〇三－五二八一－三五五五

印刷・製本　中央精版印刷株式会社

Printed in Japan ISBN978-4-09-823503-2